AF484865

ESTÁ EN TI, LLÁMALA

ESTÁ EN TI, LLÁMALA

El Arte de Crear Desde el Corazón

"Las nubes vienen flotando a mi vida, ya no para llevar la lluvia o la tormenta, sino para agregar color al cielo de mi atardecer."

Rabindranath Tagore

Mª José Rosselló López

Título: *Está en ti, llámala*
© 2019, MªJosé Rosselló López
Autoedición y diseño: MªJosé Rosselló López
De las ilustraciones interiores: MªJosé Rosselló López
Primera edición: enero 2019
Segunda edición: mayo 2019
mjrossellol@gmail.com

PRÓLOGO

Tú, mi querida mujer valiente y valiosa, podrías haber optado por la queja, quedarte en la espiral del juicio, de la pena, de la culpa, de la ira, de la autocomplacencia, del "por qué a mí".

Todo esto era una opción legítima y respetable, pero no para ti. Estas hecha, porque has ELEGIDO hacerlo, de ese combustible llamado Valor y Coraje, donde no cabe la resignación, ni el conformismo. Has decidido ser la dueña de tu barco, limpiar la tripulación que ya no te sirve, remendar con la fuerza de tus ganas todas las velas rotas, y emprender un nuevo rumbo por aguas poderosas, las de tu RENACIMIENTO.

Te has reconstruido mecida por los vientos de la soledad y el silencio que tanto nutren y edifican el alma. Y es que, y tú bien lo sabes Mª José, el camino de renacer se hace en solitario, por dentro, sin prisa, pero imparable. Ya no esperas al amor, ya no permites limosnas de amor, de cualquier amor, porque el Amor ya ERES TÜ. Ya no te paralizan los miedos, porque los conoces, te enseñan y te ayudan a crecer. ¡Tú mandas!

Mi profunda admiración por tus grandes conquistas. Ahora tienes recursos y herramientas para gestionar tu Vida, que te pertenece sin concesiones. Ya no te pisan, ya no te anulan, ya no te engañan.

Bravo por surfear tu existencia con propósito. Bravo por querer ir más allá y convertir tu vivencia en un libro/espejo, referente y motivador, pleno de verdad, de belleza y humildad.

Bravo por pasar a la acción y crear vehículos que ayuden a iluminar al Ser Humano y activen su capacidad de generar una vida digna y libre.

¡Bienvenida a la Tribu de los Hacedores! ¡Que se multipliquen l@s Human@s del BIEN!

MIRIAM DÍAZ-AROCA

*"Lo que pienses, lo serás. Lo que sientas, lo atraerás.
Lo que imagines, lo CREARÁS."*

Buda

ÍNDICE

Dedicado a Fernando, mi compañero de viaje, mi amor por siempre.

AGRADECIMIENTOS

A Santiago Segovia, por regalarme el libro que ha servido de inspiración para escribir éste, y realizar los dibujos que lo ilustran. ¡Gracias!

A todas y cada una de las mujeres artistas y creativas, que con su experiencia, han aportado su granito de arena para la realización de este libro. ¡Gracias!

En especial a Marina Gadea, Estefanía Martín, Mar Solís, Paloma Palencia, Elena Calonje, Louisa Holecz, Adela Aguilera, Mariana Sanz, Marta de la Rocha, Virginia Hernández, Victoria Fernández López-Rey y Cristina Moroño. Gracias por vuestra confianza y cariño, por atender mi llamada desde el primer momento para uniros a esta aventura. No tengo palabras. ¡Gracias!

ESTE LIBRO ES PARA TI

Querido lector, ¿puedo pedirte permiso para algo?

Me gustaría, en este punto, dirigirme de forma especial a ti, mujer. Gracias.

¿Has tenido dificultades para lograr tus sueños por el simple hecho de ser del género femenino?

Quiero aclarar que hago esta pregunta desde el mayor de mis respetos. Entiendo y soy consciente de que el hombre pasa dificultades, tiene miedos y recorre desiertos igual que cualquier mujer, pero estarás de acuerdo conmigo en que, en ocasiones, por la sociedad, los convencionalismos y creencias, a ti querida amiga te resulta menos fácil ponerte en marcha y, cuando lo haces, encuentras más obstáculos por parte de las personas que te rodean. El deseo de que vuelvas a ser "la de antes" es más fuerte.

Seguro te has sentido identificada, has **encontrado tu esencia**, estás comprometida con tu propósito y, de repente, ese sentimiento de culpa, esos miedos, ¿lo estaré haciendo bien? ¿Tendrán razón las personas que me están diciendo que por ahí no? ¿Estaré siendo buena madre, buena esposa, buena profesional, buena amiga, buena compañera, buena...?

A lo largo de este segundo viaje, te cuento como reconocer esas veladuras que no nos dejan ver con claridad y nos desestabilizan para intentar hacernos salir de nuestro camino trazado.

Cómo reconocerlas, retirarlas y decir NO. **Hacerlo desde la empatía, el amor hacía ti misma, y el respeto mutuo.**

Te indico el camino mediante un recorrido por la vida de mujeres artistas y su obra; las dificultades que pasaron para llegar a ser lo que fueron y son, y como lo superaron. **Como lo superé.**

Es un libro tanto para hombres como para mujeres, aunque he preferido centrarme en estas últimas por mi evidente cercanía e implicación.

Es para ti.

Gracias Gracias Gracias

UNA ARTISTA EN CADA MUJER

"Decir NO puede ser la mejor manera de cuidarse a uno mismo".

Claudia Black.

¿Cuántas artistas mujeres conoces?

Hay muchas. Siempre las ha habido, y siempre las habrá.

Lo que ocurre es que, muchas de ellas, no han podido desarrollar sus talentos como les hubiera gustado, bien porque la sociedad no se lo permitía, o bien porque no se creían merecedoras de ello.

En cada una de nosotras hay una "gran artista", con ganas de expandir toda su creatividad para compartirla con el mundo, haciendo lo que realmente ama.

No importa si tu profesión está dentro del mundo de los negocios, el mundo del arte, eres madre, médico, arquitecto, o te gustaría dedicarte a cuidar de los tuyos y de tu hogar.

Lo importante es **hacer aquello para lo que has venido a esta experiencia material, aquello con lo que te sientes realmente libre y en paz.** Una vez lo hagas sentirás la necesidad de compartirlo a manos llenas y tu alma se expandirá.

Te invito a acompañarme a hacer un recorrido por la historia encontrando a mujeres maravillosas que tanto aportaron y aportan a la humanidad a través de su Arte.

Mujeres que pasaron dificultades para lograr sus sueños y aun así lo lograron. Me centro en ellas y las utilizo de vehículo para acercarme a ti y contarte mi experiencia. El cómo logré superar los bloqueos y las zancadillas que yo misma me hacía o permitía, y ponerme en marcha.

Con ello quiero apoyarte, inspirarte, a lograrlo.

¿Has dejado tu sueño por algo o alguien alguna vez?

¿Cuántas veces?

¿A qué esperas para cambiarlo?

Abre la puerta y sígueme, ¡nos espera un apasionante viaje!

INTRODUCCIÓN

Si eres mujer y más si eres de mi generación, casi seguro habrás oído en casa más de una vez, y más de dos, eso de: "Hija, debes ser independiente, procura no depender de nada ni de nadie, cásate o no, pero ten tu propio dinero, tu profesión, tu…"

Te suena, ¿verdad?

Pero, ¿era eso lo que veías, sentías y te transmitían en realidad? Probablemente, como en mi caso, no.

Tus padres quieren y han querido lo mejor para ti, todo lo que te han dicho en esa dirección formaba parte del deseo que tenían de verte libre y feliz. Entonces, si esto era así, ¿por qué no lo sentías de esa manera?

Porque sus creencias arraigadas, su mente subconsciente, les hacía comportarse de una manera completamente distinta a lo que deseaban.

En casa me lo repetían continuamente. Unas veces de forma serena, otras desde la queja de una vida no aceptada, otras desde la crispación. En definitiva, era algo que escuchaba como si de un mantra se tratara.

Sin embargo, el efecto que tuvo en mí fue todo lo contrario. Sus miedos y sus dificultades eran más fuertes que sus deseos de libertad, por lo que cada día me sentía más atada y me hacía más dependiente.

La contradicción rigió mi vida durante años. Me movía entre lo que mi alma anhelaba, eso para lo que estoy en esta experiencia material, y aquello para lo que, sin darse cuenta y siguiendo sus propios patrones aprendidos, mis padres y las personas de más influencia en mi vida, me programaron.

"Es mejor equivocarse siguiendo tu propio camino que tener razón siguiendo el camino de otro".

Fiodor Dostoievski

Gracias a Dios, al Universo, logré romper las barreras de mi mente, vencer mis miedos y avanzar en la dirección de mi sueño, mi propósito de vida.

Como tarea, es y ha sido poco fácil. Son muchos fantasmas a los que te enfrentas, muchas personas a las que tienes que decir adiós; la mente te boicotea, quiere mantenerte en zona conocida, "a salvo", y te asaltan pensamientos poco gratos.

Una vocecita te dice: ¿pero a dónde vas, te has vuelto loca, y si tienen "razón"? Me quieren, deben tener razón...Y te sorprendes preguntándote, "eso digo yo, ¡a dónde voy"!

Y vuelves a sentirte pequeña y dependiente, a querer arroparte en los brazos de...tu marido, tus hijos, tus padres, tus amigos, de todos los que puedan "resolverte los temas" mientras te acurrucas esperando. Y mientras, algo de ti va muriendo.

Hoy, esos momentos son mínimos, duran muy poco, **enseguida me repongo, resurjo de mis cenizas como el Ave Fénix y sigo adelante.** Me permito un minuto de víctima, de pataleta, de observar fuera, y enseguida vuelvo a tomar total responsabilidad.

La mirada vuelve hacia dentro y todo vuelve a su cauce, a fluir.

Has encontrado tu ESENCIA, tu propósito de vida, sabes lo que quieres y quieres hacerlo. Entonces, ¿de dónde vienen todos esos miedos? ¿Por qué, casi sin darte cuenta, te encuentras mirando atrás cuando ya te habías trazado un camino hacia delante, y tenías **claridad**?

Has perdido la Fe, has vuelto a querer controlarlo todo y con ello…ahí está, el temido bloqueo.

¿Lo conoces verdad?

Una bola subiendo por tu garganta haciéndose cada vez más grande, queriendo salir y no puede… ¿No puede?

¿O no quieres?

Hasta hace poco tenía la creencia de "no poder", me gustaba pensar que la razón estaba fuera, era más "cómodo" y así, para qué moverse. Como no depende de mí…como no depende de ti…

Alguien de tu entorno dice o hace algo que te hace tambalear y, ¡ahí está! Los miedos empiezan a surgir, te enfadas: "¡Cómo me has podido decir esto! ¿No te das cuenta que haces que los miedos aparezcan? Realmente creo no quieres que siga este camino y bla bla bla…"

La víctima está servida, la responsabilidad está fuera. Toca quejarse, cerrarse y a otra cosa.

¿Lo ves?

Es probable que la persona que te diga según qué cosas, o actúe de una determinada manera, lo haga de forma inconsciente, o quizá muy consciente, para "hacerte desistir de tu empeño". Ella se mueve en función de sus propios miedos y creencias y así lo manifiesta. Lo bueno es VERLO y tomar el cien por cien de **responsabilidad** de lo que está pasando.

¿Qué quiero decir con esto?

Enfádate si quieres, aunque creo no te llevará a ninguna parte más que a aquella que la otra persona quiere llevarte. Esto que parece un trabalenguas es una realidad. La mayor parte de las veces, buscan tu reacción para así poder tener un enfrentamiento y llevarte a su terreno. **No lo permitas.**

Da las **GRACIAS**, e invítales a seguirte en este nuevo camino que te has trazado, el camino de tu transformación. Ellos son los que han de elegir que hacer, **TÚ YA HAS ELEGIDO**.

Cuando te haces responsable recuperas la Fe y la confianza en ti misma, te conviertes en **CREADOR**, tomas las riendas de tu vida, y bailas con ella como hace el bambú.

¿Recuerdas?

Se sabe fuerte y firme, de raíces profundas forjadas durante años, se puede doblar hasta tocar el suelo, pero nunca romper. **Se deja acariciar por el viento, se mueve con él, no busca la lucha, busca la armonía, el ritmo, la cooperación.**

¿Bailas?

HAS RECORRIDO UN LARGO VIAJE PARA DESCUBRIR CUÁL ES TU PROPÓSITO DE VIDA, AQUELLO PARA LO QUE ESTÁS AQUÍ, TU MISIÓN. TE HAS INSPIRADO Y HAS FLUIDO, HAS CONOCIDO LA BELLEZA, TU BELLEZA INTERIOR, QUIERES COMPARTIRLA CON LOS DEMÁS Y TE SIENTES LIBRE.

¿Vas a dejar que tus miedos o los miedos de otros te

estanquen y no te permitan avanzar?

Esa no es una opción porque si la aceptas, una vez sabes lo que sabes, no podrás volver atrás, a aquello que conocías, y el sufrimiento será inmensamente mayor.

Tienes este libro entre tus manos, te doy la ENHORA-BUENA, quieres seguir adelante. Te invito a continuar, mi propósito es inspirarte y acompañarte en el camino.

Coge tus pinceles, elige los pigmentos, impregna tu paleta, usa las manos si lo prefieres y "pinta, pinta sin parar", haz aquello que amas y contribuye con la humanidad.

Rompe las barreras de tu mente y déjate llevar por la melodía que el Universo te marca, tu intuición, la señal de tu alma.

¿La oyes? Yo sí.

Escucha.

Y la magia ocurre.

EN EL BLANCO

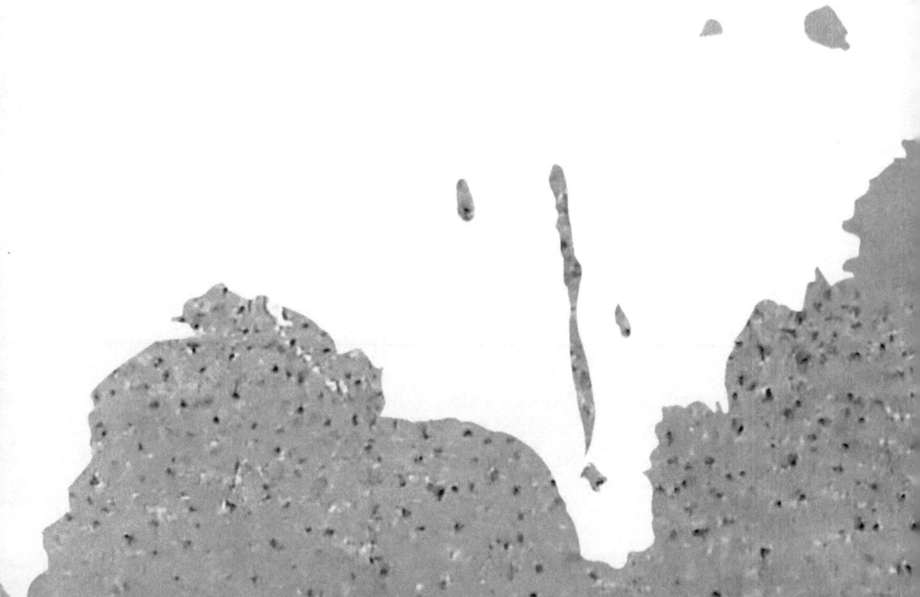

1
ARTEMISA

Te preguntarás por qué empiezo hablando de una diosa griega cuando quiero hablarte de arte, de mujeres y, sobre todo, "mujeres artistas". Para mí están íntimamente relacionadas y se han representado a lo largo de los siglos de muy diversas maneras.

Los arquetipos de las diosas están en cada una de nosotras y, según se manifieste una u otra, así se verá reflejado en tu vida, comportamiento y relaciones con los demás.

Artemisa, Diana para los romanos, era la diosa de la caza y de la luna. Esta última le confiere la virtud de aportar luminosidad.

De carácter independiente, ella elige el terreno donde quiere tener éxito y, una vez obtiene **claridad**, no ceja en su empeño hasta lograrlo. Apunta con el arco y da en el blanco.

Perseverancia y **enfoque** son dos de sus mayores cualidades, aquellas que le permiten mantenerse en el camino y seguir adelante salvando las dificultades.

> *"El goteo del agua hace un hueco en la roca, no por la fuerza, sino por la persistencia"*
>
> **Ovidio**

Según el diccionario de la RAE, perseverar es: «Mantenerse constante en la prosecución de lo comenzado, en una actitud y una opinión.»

¿Cuántas veces has cambiado de opinión por motivos ajenos a ti? ¿Cuántas veces has dicho: *"Voy a hacer esto"*, y lo has dejado en el momento que no has visto resultados a corto plazo, o te han comentado algo en contra?

Es posible que en estos momentos en los que te encuentres leyendo este libro, te preguntes cómo podrías cambiar esa actitud que te está llevando a algún sitio, pero seguro que no al que tú quieres.

Te haces con un plan, empiezas con mucha fuerza y poco a poco vas perdiendo fuelle hasta que lo dejas por completo o lo cambias por otra cosa. Te pasas la vida dando saltos como un saltimbanqui.

Puede tener sentido si estás buscando algo, si estás buscando TU PROPÓSITO DE VIDA, TU ESENCIA. Pero, ¿y si ya la has encontrado?

Entonces, esos saltos dejan de tener razón de ser y se convierten en meras acrobacias que, por muy complicadas que sean, te mantendrán en el mismo lugar de siempre.

¿Es esto lo que quieres?

Puedo imaginar que, si estás leyendo este libro, **lo que deseas es ser la mejor versión de ti misma, crecer cada día más, y poner tu propósito al servicio de la humanidad.**

Para ello **necesitas invocar a Artemisa.**

Estar **enfocada y perseverar** para elevarte por encima de las dificultades, debe ser tu prioridad. Si no lo haces, habrás encontrado tu Esencia, sí, pero no podrás desarrollarla y **extender las alas,** esas que el Universo te ha prestado para transmitir su mensaje a través de ti.

A veces es necesario tomar medidas poco fáciles, medidas a las que no estamos acostumbradas y pueden traer consigo críticas.

En mi caso te diré que he tenido que "encerrarme", dejar de ver a muchos de mis amigos, dejar de salir a cenar con mi familia, ir de compras… llevar durante unos meses una vida de "asceta" para poder estar centrada y focalizada en mi objetivo: Escribir estos libros que, con tanto cariño estoy poniendo en tus manos.

Hacer hoy lo menos cómodo, te garantiza una vida cómoda en el futuro y una gran satisfacción al ver cumplido tu sueño.

Otra forma de llamar a la Artemisa que hay en ti es estar **en contacto con la naturaleza** todo lo que puedas.

Artemisa es también la diosa de la vida natural y como tal la necesita para respirar. El "encierro voluntario" puede ser duro a veces **y la creatividad precisa de ciertas dosis de libertad**. Estos paseos te la pueden dar, además **de renovar tu energía** para seguir adelante con más fuerza.

Si vives en el centro de una gran ciudad como es mi caso, puedes escaparte a un parque o a un pueblo cercano. Para mí es importante el contacto con el agua, siempre la busco, aunque sea en una fuente.

"Si una mira detenidamente una flor, tiene todo el mundo delante suyo."

¿Conoces a **GEORGIA O´KEEFFE**?

Te la presento.

Es la autora de la cita anterior y una de las artistas más representativas del siglo XX, además de una **Artemisa** en toda regla.

Mujer independiente y vital hasta su fallecimiento a la edad, nada más y nada menos, que de noventa y ocho años.

Fue conocida como la madre del arte moderno americano, y precursora del movimiento preciosista.

Con un estilo personal y propio, trató varios temas en su pintura, aunque se la conoce sobre todo por su representación de flores a gran escala con clara influencia oriental. Llegó a pintar hasta doscientos cuadros haciendo uso de esa temática.

Desde muy pequeña tuvo la inmensa suerte de SABER y tener muy claro cuál era su **propósito de vida**. Era muy consciente de haber venido aquí para **transmitir y compartir sus emociones a través de la pintura.**

Tenía una necesidad. *"Quiero ser pintora"*, dijo. **Fue PERSEVERANTE, creyó en ella,** y lo consiguió.

Además de ser consciente desde niña, O´Keeffe, fue tan afortunada que siempre lo guardó en su memoria: su PROPÓSITO, su ESENCIA.

Es algo con lo que nacemos, y muchos de nosotros lo vamos olvidando o escondiendo con el tiempo. Ella no. Siempre lo supo y lo mantuvo a flote.

No obstante, tuvo dificultades para mantenerse en el

camino que se había marcado.

Durante su época de estudiante en la Escuela de Arte de Nueva York, tuvo que oír voces que le indicaban que, como mujer no llegaría a nada, que acabaría dedicándose a dar clases en una escuela cualquiera.

Voces y manos que corregían continuamente todo lo que ella percibía y dibujaba, personas que la frenaban… Ella quería hacer su trabajo, no siempre podía.

Al mismo tiempo, buscaba a personas que le indicaran cómo podía pintar aquello que su mente veía. Como es lógico, no las encontró.

Te pueden enseñar cómo pintar un amanecer, pero no pueden enseñarte a representar el tuyo propio.

En una ocasión dijo: *"Es como si mi mente crease formas que desconozco"*

Esto, en cierta forma, hacía que se sintiera desubicada. Quería encontrar la forma de plasmarlas, pero aún no había soltado. **Todavía escuchaba las voces externas, tenía puesto el foco tan fuera** que llegó a creerse que tenían razón, que no valía como artista. Perdió la fe y la confianza en sí misma y el Universo.

¿Te has encontrado con esto alguna vez?

A veces, dejamos hablar a nuestros miedos y permitimos que otras personas sean las que nos "solucionen la papeleta". Es más fácil, a la larga se hace mucho más difícil, delegar la responsabilidad de nuestros deseos a otros pues así, si fracasamos, no tendremos nada que reprocharnos, ¿o sí?

SOLO TÚ PUEDES HACER REALIDAD TU SUEÑO, SOLO TÚ PUEDES VER Y SENTIR LO QUE VES Y SIEN-

TES. ESTÁ EN TI, BUSCA Y LO ENCONTRARÁS.

La genial Georgia lo tuvo claro. Buscó la forma de representar lo que imaginaba, su forma de ver las cosas, hasta que lo logró.

Antes de esto, su mente la boicoteó y dejó la pintura durante un corto período de tiempo, paradojas de la vida, para dar clase.

Se sentía "cómoda", pero no era lo que su alma anhelaba, y ésta cada día gritaba más, hasta que empezó a sentirse incómoda en esa "comodidad".

Un día descubrió por qué.

Se levantó, colocó todos sus cuadros en fila y fue consciente de un hecho que cambiaría su vida para siempre: Todas y cada una de esas pinturas las había hecho para satisfacer a otros, no encontró ni una sola que la hubiera realizado para satisfacerse a ella misma.

Estaba yendo en contra de su propia naturaleza.

Se plantó y empezó de nuevo. Cogió lápices y carboncillo y se propuso pintar solo en blanco y negro hasta que lograra dibujar aquello que tenía en la cabeza, **aquello que ella sentía tenía que pintar**. Quiso hacerlo tal y como ella lo veía, lejos de convencionalismos y reglas aprendidas.

Colocó una diana enfrente de ella a modo de **foco,** y usando sus herramientas como flechas, lanzó y lanzó hasta dar **en el blanco**.

Perseveró y no empleó el color hasta que lo consiguió.

Hoy, gracias a ello, gozamos de gran cantidad de obras llenas de colorido, sensibilidad y belleza.

La **naturaleza** era una de sus debilidades. Muestra interés por el simbolismo, la abstracción y la fotografía. Un tipo de abstracción llena de alma, de su ALMA, de grandes dosis de emoción, y gran profundidad humana.

Al fin, **conectó con su interior y dejó salir todo su potencial, perdiendo el miedo a representar todo aquello que su intuición le "chivaba"**. Se hizo a un lado y se permitió extender las ALAS para beneficio de todos aquellos que contemplamos sus obras.

"Siempre hay flores para aquellos que quieren verlas".

Henri Matisse.

Las flores de **Georgia O´Keeffe**, fueron vistas como una forma importante de feminidad. En algún momento se ha querido ver en ellas atributos sexuales –siempre lo negó -, por ello muchos pretendieron incluirla dentro del arte feminista. Esto es algo que ella rehusó, no quería ser encasillada en un grupo, se consideraba y era independiente. Y lo más importante era coherente y actuaba como tal.

Tampoco se sentía cómoda con la expresión "mujer artista", prefería la llamaran simplemente "artista". Huía de la idea que promulgaba la separación y discriminación por géneros.

Para Georgia, **un artista es un artista, sea hombre o mujer, no es necesario hacer una distinción entre unos y otros.**

Aun así, el movimiento feminista la veía y sigue viendo como un símbolo de la iconografía femenina, un modelo a seguir.

Cuando **Judy Chicago**, artista contemporánea enclavada y reconocida dentro del arte feminista, y una de las más importantes, se colocó delante de su obra por primera vez, no le importó que O´Keeffe hubiera rechazado el término. Quedó cautivada por su obra y la incluyó en su obra más representativa: *The Dinner Party*, junto a treinta y nueve mujeres que marcaron y dejaron huella en la historia.

Esto no tendría mayor relevancia si no fuera porque de esas treinta y nueve mujeres, sólo Georgia aún vivía. Fue la única que tuvo el honor de formar parte de la instalación de Judy Chicago estando viva.

Tanta era la devoción por esta artista, por su **camino trazado y abierto a otras mujeres** en el mundo de la abstracción que quiso tenerla muy presente**.**

«El verdadero pintor es aquel que es capaz de pintar escenas extraordinarias en medio de un desierto vacío. El verdadero pintor es aquel que es capaz de pintar pacientemente una pera rodeado de los tumultos de la historia».

Salvador Dalí

Así era ella, Georgia, capaz de superarse a sí misma, **de caminar por caminos pedregosos sin perder su faro y su objetivo**.

Como buena Artemisa, de vez en cuando necesitaba aislarse para poder crear. Una soledad elegida, instada por su gran sentido de la independencia y la libertad.

De hecho, los últimos años de su vida, los pasó en el desierto de Nuevo México. Allí encontró su lugar, **un lugar donde conectar con aquello que quería pintar.**

En esto fue radical.

Estuvo casada con un hombre mayor que ella muy relacionado con el mundo del arte, que la incentivó desde el principio. De hecho, cuando vio por primera vez sus dibujos exclamó: *"Por fin una mujer sobre el papel"*.

Tenían una relación de respeto y admiración mutua, pero aun así, las fotografías que él tomó –y ella dejó que tomara aun no estando del todo convencida- de ella desnuda, su negativa a tener hijos con la excusa de que podrían despistarla de su trabajo y el hecho de que, su relación comenzara cuando él aún estaba casado con otra mujer, hizo que la visión que una parte del mundo tenía de ella en ese momento la colocara en una posición restrictiva que Georgia no se podía permitir.

Se encontraba fuera de lugar, viviendo parte del sueño de otros y **ella quería vivir su sueño en su totalidad**. Se marchó.

Ese gran sentido de la independencia la ayudó a encontrar su lugar. Eligió la soledad del desierto de Nuevo México, allí vivió los últimos años de su vida. Era y se sentía libre.

¿Quieres encontrarlo tú?

Desde luego, no es necesario que te vayas al desierto de Nuevo México o a ningún lugar recóndito para hallar tu sitio, salvo si así lo deseas. A veces, "nuestro sitio", está mucho más cerca de lo que pensamos, es sólo cuestión de buscar y observar con atención.

Ante todo, debes ser HONESTA contigo misma. Reconocer que sí, **has encontrado tu esencia**, es un **gran logro,** pero ahí no acaba todo. Reconocer esto con HUMILDAD es el primer paso para poder continuar con la misión que el Universo te ha encomendado.

Como portadora de luz es tu labor iluminar a los demás en su camino. Sólo puedes lograrlo con CONSTANCIA, y manteniendo muy a la vista tu foco.

Existen varias técnicas que te pueden ayudar a mantenerte enfocada, una de ellas la he descubierto hace poco: es el Neurofeedback. Una técnica que permite a tu cerebro estar más activo y ordenarse para poder concentrarte mejor.

Ana Ibáñez, una gran profesional y experta en la materia, además de uno de los regalos que el Universo me ha brindado este año, lo explica de esta manera:

*"El **Neurofeedback** es una novedosa técnica de entrenamiento para lograr que el cerebro funcione de forma relajada, a la vez de en sus máximas capacidades. Se trata de mostrarle al cerebro cómo funciona por medio de un "feedback" o retroalimentación de su actividad de ondas. Cuando el cerebro ve cómo funciona, de forma automática, tiende a regularse para funcionar de forma más óptima.*

*Lo que percibimos del mundo y de nosotros mismos es lo que nuestro cerebro nos muestra, así que cuando tenemos un cerebro flexible, ágil, con capacidad de calmarse o de funcionar en su máximo rendimiento según nuestras necesidades, **experimentaros una conexión especial con el mundo y con nosotros mismos, nos sentimos en comunión y consonancia con lo que nos rodea y la vida se nos hace más fácil**.*

*Un entrenamiento con la técnica de Neurofeedback **nos permite deshacernos de miedos y limitaciones, nos proporciona perspectiva, relaja nuestro sistema nervioso** central y permite que el cerebro cortical, nuestro cerebro más sofisticado, funcione en sus máximas capacidades de **creatividad**, **razonamiento**, **memoria**,*

concentración *y* ***capacidad de acción*** *para lograr los objetivos que nos proponemos".*

Lo he probado. Funciona.

Otra forma de cultivar el foco, en este caso el interno, es la **meditación** y sobre todo el *mindfullnes*. Te hablaré de esto un poco más adelante, cuando te presente a Hestia.

Dedica el tiempo que sea necesario, mantén el contacto con la NATURALEZA, aíslate en la manera que puedas hacerlo, si así lo necesitas. Haz todo lo que sea preciso para ir sorteando los obstáculos que vayan apareciendo en tu camino, y lo lograrás.

También has de ser muy consciente de una regla que no falla nunca: CUANDO TU CAMBIAS, TU ENTORNO CAMBIA.

Muchas personas de tu alrededor querrán "recuperar" aquella mujer que conocían y, muchas de ellas, al no conseguirlo, es posible que se marchen de tu lado.

Al principio puede desestabilizarte, sentir que estás haciendo las cosas poco bien, puede que te invada una sensación de soledad. No te dejes. **Escucha tu alma, tu voz interior, ella sabe lo que es mejor para ti.**

En este proceso, algunas personas queridas se alejarán, de otras te alejarás tú. Eso es bueno, estás en el camino correcto, estás dando los pasos adecuados. **Tu entorno está cambiando, ¿recuerdas?**

Cuando te centras en tu interior, cuando lo cambias, lo externo se modifica.

MANTÉN LA FE Y MANTENTE FIRME; SERES MARA-
VILLOSOS ACORDES A TU ENERGÍA ACTUAL, A TU
VERDADERA ESENCIA, ESTÁN LLEGANDO A TI PARA
QUEDARSE.

Gracias por continuar, el mundo te necesita.

TELA DE ARAÑA

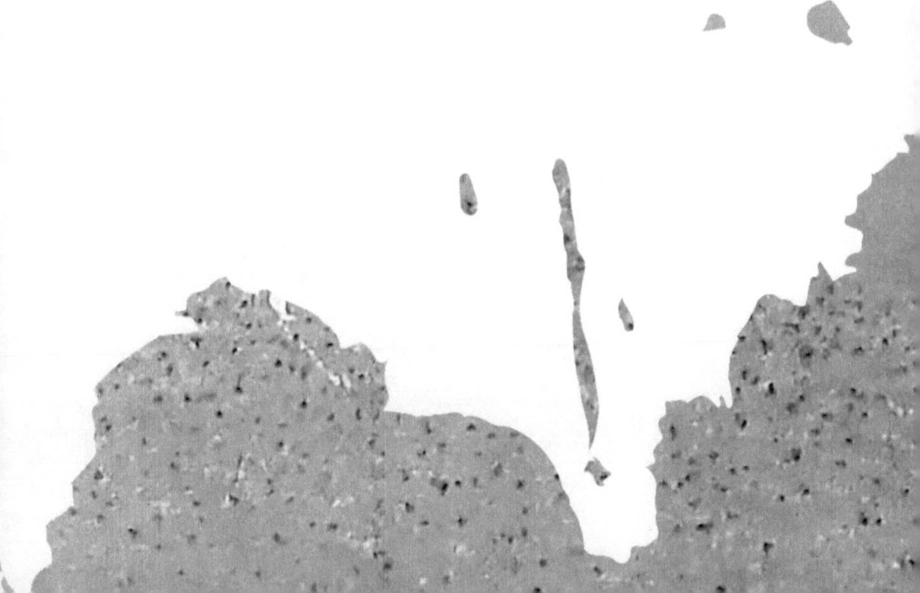

2
LAS HILANDERAS DE VELÁZQUEZ

EL MITO DE ARACNE

¡Velázquez! ¿Ahora me va a hablar de Velázquez? Así es, de **Velázquez**. De uno de los cuadros que más me gustan de él y de una artista japonesa contemporánea, Chiharu Shiota.

¿Qué te parece? ¿Estaré jugando al despiste? ¡Nada de eso! Ya verás como no. Te gustará.

Escribo en función de aquello que voy sintiendo, escucho lo que mi alma me quiere decir, y me dejo llevar.

¿Recuerdas cuando te hablaba de ser sólo un instrumento, un canal a través del cual el Universo transmite su SABIDURÍA?

Eso es lo que hago, **fluir y estar muy atenta a todas las señales, esas que después me permitirán ir tirando del hilo poco a poco.**

Y de eso va este capítulo: de hilos, tejedoras, **desenmarañar la maraña**. Esa en la que tu mente se convierte cuando las ideas te bombardean en tropel, cuando de repente te descubres haciendo veinte cosas a la vez y vuelves a sentirte dando vueltas sin rumbo. Hasta que, te paras, respiras, coges la madeja desordenada de tu mente, y **TOMAS ACCIÓN**.

Porque, de nada sirve estar recibiendo señales e ideas de forma continuada si no haces algo con ellas, ¿verdad? Se quedan ocupando cada vez más espacio, enredándose, hasta quedarte paralizada.

¿Has hecho punto de cruz alguna vez? ¿O algún tipo de labor que implique tejer? Es casi meditativo. Tiras de un hilo, lo enhebras, lo insertas, lo intercalas, una y otra vez…hasta dar forma al mantel, el cojín o el tapiz…

En la vida pasa algo parecido. ESTÁS CONSTRUYENDO TU SUEÑO, DANDO FORMA A TU PROPÓSITO DE VIDA, necesitas ir "tirando de las señales, de las ideas", para ir plasmándolas e ir uniendo unas con otras, entrelazándolas y descartando aquellas que no sirven en ese momento, a tu fin.

Poco a poco la maraña se va deshaciendo y vuelves

a fluir.

"Cuando el hilo dorado del placer se entrelaza con esa trama de cosas que nuestra inteligencia está siempre tejiendo laboriosamente, otorga al mundo visible ese encanto misterioso y sutil que llamamos belleza".

El sentido de la belleza*. **George Santayana***

Una de mis obras favoritas de **Velázquez** es *Las Hilanderas*. ¿Has tenido la oportunidad de verlo en persona? Es una obra maestra.

En un primer plano puedes ver una escena cotidiana en el interior de un taller de tapicería. Al fondo, la escena cambia. Se representa a Palas Atenea, con casco, increpando a una asustada Aracne a la que acaba convirtiendo en araña. Su intención: que tejiera sin parar por los siglos de los siglos.

Parecen discutir sobre quien de las dos tiene mayores habilidades en el arte de tejer; poniendo de manifiesto los celos, la envidia y la competitividad.

Tras ellas, un tapiz.

En él se representa una obra de **Tiziano**, *El Rapto de Europa*, que **Rubens** interpretó y también se encuentra en el Museo del Prado.

Según el diccionario de símbolos de Cirlot: *"La **rueca**, como acción de hilar, es **símbolo de vida** y de la duración, de lo transitorio, de lo que tiene fases". "Todos los símbolos fusiformes significan la idea general del sacrificio mutuo y la fuerza de la inversión". "Por su forma, el huso es una mandorla y tiene el signifi-*

cado de la interpretación de los dos círculos, -cielo y tierra-, es decir, el sacrificio que renueva la fuerza generadora del universo".

Cielo y tierra, arriba y abajo, externo e interno....

Atenea es la diosa de la sabiduría y la artesanía, llamada Minerva por los romanos.

Se representa majestuosa y guerrera, la única del Olimpo que porta coraza, yelmo, escudo y lanza conforme a su papel como diosa estratega. También, en época de paz, se la representa con una lanza en una mano, y un **huso o rueca** en la otra.

Muy habilidosa como tejedora, se enfrentaba a este trabajo como cuando iba a la batalla: sacaba todas sus armas y se ponía manos a la obra.

Forman parte de sus cualidades **planificación, previsión y paciencia,** esta última otorgada por su enorme SABIDURÍA representada por un búho con los ojos muy abiertos como atributo. Posee gran poder de concentración al igual que Artemisa, y a diferencia de ella, una enorme coraza para protegerla. (*)

¿Hay algo de Atenea en ti?

Todas estas capacidades te ayudarán en el camino que te has trazado y harán que los intentos de "fuga", de salirte de la ruta y darte la vuelta, sean menores o inexistentes.

Las tres "pes": **PREVISIÓN**, **PLANIFICACIÓN** Y **PACIENCIA**, son importantes para lograr tu objetivo. Te darán CLARIDAD y podrás estar ENFOCADA, siendo PERSISTENTE.

Haz como Atenea. Acércate a cada proyecto, a cada objetivo como si de un tapiz se tratara.

Elige el dibujo que quieres plasmar. Después, como buena **previsora,** haz un boceto a lápiz y **planifica** dónde van a ir los colores, qué tipo de hilo vas a usar y muy importante, gestiona tu tiempo. Organízate.

Con todo ello obtendrás un método que te permitirá estar concentrada; pueden llegar sorpresas, pero estarán más amortiguadas.

Ya estás en marcha, ahora sólo queda ir dando pasos, fluir, hilo a hilo, y tener **PACIENCIA**, la que da la confianza en ti, y la fe en el Universo.

A veces queremos ir demasiado deprisa y nos saltamos pasos. Creemos que así llegaremos antes, y puede que así sea, pero lo más probable es que no estemos preparados, y tengamos que dar la vuelta para volver a empezar.

En la cultura occidental, en este mundo que vivimos atropelladamente, la paciencia se valora poco, nos cuesta pararnos a reflexionar y nos pasamos la vida corriendo. Queremos todo para ya, y así no funciona el Universo.

Aunque bien es cierto que en los últimos años estamos tomando conciencia de la necesidad de vivir el presente, el aquí y ahora, aún es algo sobre lo que queda mucho por aprender.

En Oriente, sin embargo, es una gran virtud. La practican desde tiempos inmemoriales y son auténticos maestros.

Cultiva la Paciencia y verás cómo de grandes son sus beneficios. Es "una planta medicinal" que te va sanando gota a gota.

Te servirá como coraza, como escudo protector; al

igual que a Atenea. Te aportará serenidad y templanza para afrontar las dificultades manteniéndote equilibrada y serás capaz de tomar mejores decisiones. Además, te ayudará a rendir el Ego, a manejar mejor la frustración y generar mayor CONFIANZA.

Los sueños grandes se cuecen despacio, es la manera que permite se desarrollen "con todas sus propiedades, vitaminas y minerales". **Una cocción a baja temperatura.**

Es algo que está ahora muy de moda, el *slow cooking*, pero en realidad, es ni más ni menos que una vuelta a los orígenes. O, ¿no era así como cocinaban nuestras abuelas, o incluso nuestras madres?

Ellas no tenían prisa y los manjares eran exquisitos. El RESULTADO era excelente y saboreábamos cada bocado.

En el EQUILIBRIO está la virtud.

ENTIENDO LA VIDA COMO LA SUMA DE LAS PARTES. DISFRUTAR DE TODOS LOS AVANCES QUE SE NOS PRESENTAN COMO ALGO NECESARIO PARA EVOLUCIONAR Y CRECER, UNIDO A ESAS PEQUEÑAS GRANDES TRADICIONES QUE, COMO LA "COCCIÓN LENTA", NOS APORTAN TODOS LOS NUTRIENTES NECESARIOS PARA MANTENER NUESTRA **ENERGÍA** ALTA Y ENFOCADA.

Y, por último, ¿te has dado cuenta de la cantidad de fuerza que malgastas cuando tienes prisa? La paciencia hace que la concentres y la mimes, para poder usarla con todo su potencial en el momento justo.

¿Sientes su poder? Ponte a ello y llegarás a la meta.

"La paciencia y la perseverancia tienen un efecto mágico ante el cual las dificultades y los obstáculos desaparecen".

John Quincy Adams.

Y, mientras te hablo de tejer, de los hilos, de la paciencia, de la cultura oriental… me viene a la cabeza una artista japonesa, **CHIHARU SHIOTA.**

Desde los años noventa vive en Berlín. Estudió con **Marina Abramovich**, una de las artistas de performance más reconocidas y mejor valoradas del panorama artístico internacional. Siente también profunda admiración por **Louise Bourgeaus**, de cuya obra recibe claras influencias.

¿Recuerdas su araña, su *Mama,* la tejedora protectora? Una serie de esculturas de carácter monumental que aluden de igual forma, a la fuerza, y la debilidad de su madre.

Shiota, aunque a veces se mueve en el campo de la performance, su medio es la instalación. Crea monumentales entramados de hilo y lana en los que intercala objetos cotidianos, estableciendo una relación con las interacciones humanas.

Los objetos que utiliza suelen estar usados. Esto le confiere la impronta, la huella de las personas que los han tenido. Es una forma de mantenerlos en la memoria, y entrelazar sus emociones con las de ella misma.

Cada hilo es un sentimiento, una emoción, que se ata y se desata, emerge y se esconde, se enreda y se desenreda…Parte de un "lienzo" vacío, y se sumerge en él dando forma a su particular mundo interior.

Lo que más le emociona a la artista de sus instalaciones, es la comunicación casi inmediata que se produce entre el espectador y su obra. Una interacción en la que, puedes llegar a saber, y sentir, lo que quiere contar.

Al tiempo que caminas hacia el interior del mágico montaje, parece que te acercas al **alma** de Shiota.

He tenido la suerte de disfrutar de una de sus instalaciones y es impresionante. Pasear por, y bajo ella, es una experiencia sensorial de gran belleza. De alguna manera sientes que ella está ahí.

Como buena oriental, le gusta ejercitar la **PACIENCIA**. Trabaja despacio, meditando cada paso que va a dar. Tiene **CLARIDAD**, sabe lo que quiere y va a por ello con calma, paso a paso. Son jornadas largas que se pueden llegar a convertir en semanas o meses para dar por terminada una obra, y no siempre se termina pues, al provenir directamente de su interior, de su alma, considera que tienen vida propia y pueden modificarse con el paso del tiempo.

De igual forma, tú como espectadora, puedes dotar a la obra de un nuevo significado: el que te haga vibrar y estar en común unión con ella.

La nostalgia y la melancolía que se respiran en las obras de Chiharu Shiota, chocan con su carácter independiente.

A lo largo de toda su trayectoria ha querido desvincular su trabajo del hecho de ser japonesa. Se ha esforzado para crear un lenguaje propio, que no la relacionara directamente con la cultura oriental.

¿Lo ha conseguido? Quizá no, la obra de todo artista es un poco autobiográfica y bebe de su inconsciente y su memoria.

En cualquier caso, Atenea está presente en la obra de Shiota, o **¿no son esos entramados de hilos cubrien-**

do los objetos un escudo en sí mismos?

Puedes intuir lo que hay dentro, pero no los ves con total claridad. Quizá ahí está esa parte suya de melancolía que prefiere velar, esa coraza que la protege y la mantiene a salvo.

Puedes pasar junto a ella, puedes incluso rodearla y entrar, pero sólo por ese camino que te ha marcado, el resto está protegido, puedes mirar e imaginar, pero nunca, pasar.

Ese rasgo tan característico suyo es, lo que al final hace que surja la **MAGIA**. Te mantiene expectante, con una cierta incertidumbre por lo que hay detrás, entras en un universo en el que construyes la imagen, a través de unos huecos creados por los hilos a modo de píxeles. Ves su ALMA y al mismo tiempo no la ves.

¿Crees que este resultado es fortuito? ¿Qué ha logrado su objetivo como fruto de la casualidad? O, por el contrario, ¿ha sido previsora y ha trazado un plan?

Más bien esto último. Establece unas prioridades y comienza la **PLANIFICACIÓN**.

Para ello, primero hace una serie de bocetos previos. siempre en papel, huye de lo digital, y pone sobre la mesa sus armas de Atenea. Establece una estrategia.

Al mismo tiempo va fluyendo, desarrollando todas las ideas que tiene almacenadas, se deja guiar por su intuición, "abre el cajón de los hilos" y los va entrelazando para dar forma a la materia.

En segundo lugar, traslada esos dibujos a otra zona para empezar a construir y llevar los diseños a la tercera dimensión.

Si cierro los ojos, puedo imaginarla tirando de cada hilo, extendiéndolo, llevándolo allí donde su alma le pide. **La**

imagino enérgica y pausada al mismo tiempo, modelando el espacio vacío con sus manos, con su cuerpo, sintiendo cada paso que da.

Poco a poco, las hebras empiezan a salir del papel. Se asoman con timidez: "primero la cabeza, después el cuerpo, después los pies" y, a continuación, un pequeño salto hacia Shiota. Las va colocando en su sitio y *ahí está.*

Su sueño se ha hecho realidad

¿Qué quieres hacer con el tuyo?

"Su día consta de 1.440 minutos. Dedique un uno por ciento de ese tiempo al estudio, la reflexión y la planificación. Y se asombrará de lo que estos 14 minutos le reportarán. Porque le sorprenderá descubrir que, tras adquirir esta costumbre, se le ocurrirán ideas constructivas casi en cualquier momento o lugar en que pueda encontrarse: mientras lava los platos, mientras lee en el autobús o mientras se baña".

La actitud mental positiva *(1959),* **Napoleón Hill**

CATORCE MINUTOS. ¿Te parece mucho?

Párate y piensa.

¿Cuántos minutos gastas al día en cosas que nada te aportan? Ver la televisión, redes sociales, pensar en lo que unos u otros estarán haciendo, pensar en lo que harás dentro de un día, o dos o tres…, darle vueltas a aquello que te dijeron o te dejaron de decir, a aquello que hiciste…

¿De verdad esto te puede ayudar en algo? No, ¿verdad? Son escapes de energía, agujeros que vas haciendo por los que se escapa toda tu vitalidad. Te vas acomodando y… ¡a dormir!

En lugar de eso,

DEJA PASAR A ATENEA, TOMA PRESTADOS SUS ATRIBUTOS Y TRAZA UN PLAN. TU PROPÓSITO DE VIDA SE PLASMARÁ Y PODRÁS COMPARTIRLO CON LOS DEMÁS.

HAZ QUE EL MILAGRO OCURRA.

SOLO UN SEGUNDO

3
LA LLAMA DEL HOGAR

"No permitas que el ruido de las opiniones ajenas silencie tu voz interior. Y, lo que es más importante, ten el coraje de hacer lo que te dicten tu corazón y tu intuición. De algún modo, ya sabes aquello en lo que realmente quieres convertirte".

Daniel Goleman

Si hay una diosa que personifica la llama del hogar esa es **Hestia**, llamada Vesta por los romanos.

Es la menos representada por los artistas de todos los tiempos, de hecho, cuando se quiere aludir a ella, se hace mediante un fuego colocado estratégicamente en el centro de la casa o el templo. (*)

Se entiende la llama del hogar como aquella que arde en nuestro interior, la que nos mantiene centrados y en armonía con el Universo.

El desarrollo de la **intuición**, la **integridad,** la **percepción** y el **enfoque**, en este caso interno, son parte de sus cualidades.

En algunos textos se recoge que tanto la intuición como la percepción son de naturaleza femenina. No estoy del todo de acuerdo. Si bien pueden estar más desarrolladas, se dan de igual manera en los hombres, los cuales, si trabajan en ello de manera adecuada y lo trascienden, pueden llegar a gozar de ellas en la misma forma o más, que nosotras, las mujeres.

La palabra **INTUICIÓN** viene del latín intuitio, que significa "mirar hacia dentro". Es, según la RAE: "*La habilidad para conocer, comprender o percibir algo de manera clara e inmediata, sin la intervención de la razón*".

Son esos momentos de lucidez en los que una voz interior te guía, y te manda señales para indicarte el mejor camino.

Se puede presentar de muchas maneras: una es con **la sensación de que algo está ocurriendo, una especie de "llamada" que hace te pongas en alerta y al mismo tiempo en acción.**

Me ha ocurrido varias veces a lo largo de mi vida. Me gustaría contarte una muy concreta que pasó hace bastantes años e hizo que, gracias a ella y mi puesta en marcha, varios miembros de mi familia se reconciliaran.

Por razones que no vienen al caso, cuando tenía diecinueve años, mi madre y su hermano, una persona muy querida por mí, dejaron de hablarse durante años. Para mí fue una ruptura dolorosa que me produjo mucha frustración e incomprensión; por un lado, anhelaba volver a tener relación con él –a veces llamaba a su casa y colgaba-, y por otro, el que más fuerza ejercía sobre mí, estaba la lealtad hacia mi madre.

Los años fueron pasando, hasta que un día, sin saber cómo ni por qué, **un pensamiento se instaló en mi cabeza; una fuerte sensación, tan real, que no pude ni quise ignorarla**. Mi tío estaba enfermo.

Estuve así un par de semanas, escuchando esa vocecilla que me decía, "llama", tu tío no está bien, hasta que una tarde, me armé de valor y llamé. Esta fue de las decisiones más importantes, y **sanadoras** de mi vida, tanto para mí como para mi madre.

Efectivamente, tal y como mi intuición me estaba revelando, mi tío estaba poco bien de salud. Estuve hablando con él y **pude iniciar el camino de la reconciliación**.

Lo maravilloso de esto, no es mi reencuentro, que también, sino el que tuvieron mi madre y él. Ella pudo estar a su lado en sus últimos días y perdonarse mutuamente. Se liberaron.

Escuché mi voy interior, hice caso a mi intuición tomando acción y se obró el milagro.

¿Imaginas que hubiera ocurrido si hubiese obviado las señales, si hubiese dejado de creer pensando que eran tonterías porque la razón así me lo dictaba? Eso es: ¡Nada! O al menos nada bueno para mi familia.

Tu intuición está ahí para ayudarte, para apoyarte en el camino de la transformación. Invoca a Hestia y deja que fluya a través de ti.

Una forma de hacerlo es mediante la MEDITACIÓN. Algo te he hablado de ello, me gustaría profundizar un poco más. ¿Te parece bien?

"La intuición abre sus puertas a través de la meditación."

Osho

Es una técnica milenaria que poco a poco se ha ido introduciendo en Occidente trayendo consigo grandes beneficios.

Puede hacerse de varias maneras: Una es sentada, concentrando la atención en la respiración, dejando pasar los pensamientos sin ofrecer resistencia.

Parece una contradicción, ¿verdad? ¿No se supone que, con la meditación, buscamos tener la mente en blanco para escuchar el silencio y alcanzar la serenidad?

Así es, esta es una parte. Pero, de manera consciente e inconsciente, nuestra mente lanza miles de pensamientos de manera continuada. Si nos resistimos a ellos, o nos enfadamos, obtenemos el efecto contrario.

Recuerdas. AQUELLO EN LO QUE TE CONCENTRAS SE EXPANDE.

Lleva a cabo la fórmula del NO "R" NO "R", no te resistas, no te rindas. Practica todos los días, agradece los pensamientos que te lleguen y déjalos ir, poco a poco irás logrando esos momentos de "claridad", de no-mente.

Para ello necesitarás paciencia y voluntad; además de la comprensión de saber que, al principio, serán momentos casi imperceptibles. Espera.

Otra forma de meditación es la activa, la llamada ***mindfullnes*** o "atención plena". Lo haces extensivo a todos los actos que realizas a lo largo del día, estando "presente" en cada uno de ellos. El **aquí y ahora**.

Llevas tus pensamientos a ese acto en concreto, lo que te permite desarrollar la concentración, el enfoque y, por supuesto, al tener la energía más condensada, permites se desarrollen al máximo todas tus capacidades intuitivas.

Es una forma de vivir, una forma de sentir y actuar. Una forma de ESTAR sin juzgar, y sin reactividad. Dejando que sea lo que ES.

Son muchos los beneficios que se derivan de la práctica del *mindfullnes*. Entre ellos:

Te ayuda a mejorar la **concentración**, la **paciencia** y el **enfoque**; mejora el estado de ánimo y te aporta **vitalidad**. Mejora también la **creatividad** y la **memoria**; activa la **resiliencia** (capacidad para superar situaciones traumáticas), **reduce** el comportamiento adictivo y **compulsivo**; aprendes a vivir con la **mente limpia de un niño**; aporta **serenidad** y es un fuerte antídoto **antiestrés**; mejora el **ritmo del corazón** y la circulación sanguínea; reduce el dolor y permite tener **una mejor calidad de vida.**

¿Qué te parece? Son solo unos pocos, hay muchos más. Después de esto, ¿te animas?

Te alegrarás.

Tenemos tantas cosas en la cabeza que la mayor parte de las veces, hacemos todo en automático.

¿Te has sorprendido alguna vez preguntándote cómo has llegado a un sitio? ¿O llevando a la basura algo que iba al saco de la ropa sucia?

¡Yo sí!

Mediante el *mindfullnes* puedes llegar a un estado de conciencia en el que el disfrute de las tareas diarias sea una realidad, así te estés dando una ducha o tomando un café.

Recuerdo un taller al que acudí. Tuvimos que comer una croqueta con los ojos cerrados para sentir de forma más profunda cada momento de la experiencia.

El olor, el tacto, el primer bocado, su sabor. Nunca antes había sentido algo igual al tiempo que comía algo. La experiencia fue reveladora y sentí un profundo **agradecimiento por estar viviendo ese momento, por ser tan afortunada** de poder disfrutar un acto tan, en apariencia simple, con total rendición de mis sentidos.

Desde que lo practico son muchos los momentos de revelación que hacen su aparición, sobre todo en la ducha. A veces, para no olvidar ese chispazo, salgo corriendo, incluso mojada, para apuntar esa idea que me ha venido, y creo puede apoyarme en mi propósito.

Son segundos, que de la misma forma que vienen, se van. Hay que aprovecharlos.

Te animo a tener una libreta cerca para anotarlos. Confiar en tu memoria está bien, pero cuesta tan poco parar un momento que, ¿por qué dejar pasar esa oportunidad?

Abrir las puertas a tu INTUICIÓN, te abrirá los canales por los que podrás fluir libremente, dejando atrás los juicios y las ataduras. Te concederás avanzar enfocada, dando forma a tu sueño desde el AMOR, la COMPASIÓN y la GENEROSIDAD.

Te PERMITIRÁ IR TOMANDO CONTACTO CON TUS VALORES QUE HARÁN DE TI UNA PERSONA ÍNTEGRA, capaz de resolver dificultades estando segura de lo que haces, y por qué lo haces. Y lo más importante y revelador: te mantendrás ajena a los comentarios externos que quieran dañarte.

Al moverte según tus **valores** y sentar bien tus bases en ellos, tus raíces serán firmes, fuertes y profundas, nada podrá hacerte tambalear de tu **propósito,** y lo lograrás. Seguirás tu instinto, avanzando con confianza y amor hacia ti misma.

De igual forma, cuando te comportas con INTEGRIDAD, generas confianza en los que te rodean, pudiendo establecer relaciones de interdependencia mediante las cuales podréis colaborar manteniendo la autonomía y la libertad.

*"El alma se tiñe del color de tus pensamientos. Piensa sólo en aquellas cosas que están en línea con tus principios y que puedan ver la luz del día. El contenido de tu carácter lo eliges tú. Día a día, lo que eliges, lo que piensas, y lo que haces, es en lo que te conviertes. Tu **integridad** es tu desti-no…es la luz que guía tu camino".*

Heráclito

Hestia, o Vesta, como prefieras llamarla, fue una diosa muy venerada que recibía ofrendas continuamente. Éstas podían ser: objetos cotidianos y preciosos, animales, alimentos como frutas y verduras, ropas… Todo en función de la clase social a la que pertenecía la persona que los ofrecía.

Y eso es lo que parecen las obras de **CLARA PEE-TERS,** verdaderas ofrendas envueltas en magistrales cuadros de **bodegones.**

Hay poca información sobre ella, pero se cree nació en Amberes en 1594, especializándose en el arte del bodegón como medio de expresión artística.

En aquel momento, las mujeres sólo podían dedicarse a la pintura si pertenecían a una familia aristocrática o bien, si formaban parte de una familia de artistas. En el primer caso, se les permitía tomar clases en talleres o eran los maestros quienes se desplazaban a sus casas; en el segundo, trabajaban en el taller familiar, por lo que tenían acceso a todo tipo de enseñanzas y materiales.

No obstante, las mujeres tenían vetado el desnudo, así como salir fuera del taller o su casa para pintar. **A la mujer no se la consideraba artista, lo que hacía era «por mero entretenimiento».**

Esto era muy frustrante para una mujer independiente como Peeters. Quería **salir ahí fuera para dar a conocer su arte y triunfar** como cualquier hombre.

¿Puede ser esta la razón por la que aparece su autorretrato tantas veces reflejado en sus cuadros? Se podría decir es "la primera artista en hacerse un *selfie*" con permiso de **Jan Van Eyck**, claro está.

Sus bodegones, sus ofrendas, presentan escenas en las que se entrelazan flores, frutas y animales con objetos decorativos o de mesa. Es en estos objetos de cristal y metálicos donde aparece su reflejo; a veces se pinta pintando.

Lo hace de forma sutil, pero ahí está. En algunos se puede llegar a ver su autorretrato reflejado hasta seis veces en un mismo cuadro. Son tan pequeños que es necesario acercarse para verlos con claridad.

Se reafirma. Ella es la que es. SOY LO QUE SOY, parece decir y ESTOY AQUÍ PARA QUEDARME.

Quizá no le quede más remedio que aceptar ciertos cánones, pero ¡no todos! y está dispuesta a transgredirlos de forma magistral para la posteridad.

Una mujer VALIENTE y adelantada a su época que supo dejar su huella bien firme gracias a la CONFIANZA que tenía en sí misma y la absoluta CLARIDAD de lo que quería hacer en la vida.

Su **hogar** era su pintura, en ella estaba su **llama**, su propósito de vida. Se mantuvo serena y fiel a sus valores, lo que hizo buscara, y creara, la forma de SER VISTA, salvando los obstáculos que la época en que vivió, le imponía.

¿Qué excusa tienes tú?

¿Eres demasiado mayor, demasiado joven, no es el momento, tus hijos, tu marido, tus padres, la sociedad?

¿De verdad vas a seguir escondiéndote?

Haz como Clara Peeters, realiza "ofrendas" al Universo a través del AGRADECIMIENTO, mantente firme en tu propósito desarrollando la INTUICIÓN y la CONFIAN-ZA, y verás como sorteas las dificultades con la maestría de una artista.

BUSCA LA FORMA Y, SI NO LA ENCUENTRAS, CRÉALA.

Hay un sinfín de posibilidades.

Esa integridad, independencia y sentido de la lealtad a sí misma, también estuvo presente en **LEONORA CA-RRINTONG,** una de las artistas más importantes y polifacéticas que ha dado el siglo XX.

Nació en el seno de una familia aristocrática en la Inglaterra de 1917. Podría haber tenido una infancia más o menos feliz, si no fuera porque sentía no pertenecer a ese sitio.

Para Leonora, carecían de importancia las grandes fiestas, las relaciones sociales por compromiso, el tener que vestirse de una u otra manera, el casarse bien para residir en una gran mansión. En definitiva, aceptar y respetar una serie de normas estrictas que no le permitían ser ella y vivir como quería vivir.

Ella quería ser artista. ERA ARTISTA, y el ambiente en el que había nacido no era el más propicio para que este sueño se realizara.

Su afán de **independencia,** de ser libre para dar rienda suelta a su creatividad, se veían completamente mermados por un padre que, "queriendo lo mejor para ella", la instaba a casarse con alguien de "su clase", para llevar la vida que se suponía debía vivir.

Pensaba que muchas mujeres no habían desarrollado todo su potencial porque se sentían inferiores y estaban oprimidas. No porque lo fueran, sino porque la sociedad lo permitía.

¿Cuál era su preocupación?

Dejar de estarlo.

Lo tenía claro. Se sentía oprimida en su propia casa, por lo que era necesario buscar su verdadero "hogar", **conectar con esa parte de sí misma que "ardía" con pasión, y buscar nuevos caminos.**

Logró que su padre, desesperado por no conseguir lo que quería, la enviara a Italia a estudiar. Allí comenzó a forjarse la verdadera Leonora, y empezó a desplegar sus alas ofreciéndonos todo su talento.

Carrington tenía la INTUICIÓN muy desarrollada. Eso, hacía que su **imaginación** fuera desbordante, y pudiera reflejarla en sus cuadros de la forma en que lo hacía.

Su obra, combina escenas de la vida real con sueños influidos por recuerdos de su infancia, sobre todo, de aquellos en los que estaba rodeada de animales en la casa de campo en que vivía.

Sus fantásticos y mágicos personajes nos recuerdan a las figuras zoomórficas de El Bosco, su influencia está presente y, como en él, **las escenas que plasma en**

sus cuadros, parecen llegadas de otro mundo. Como si hubiera estado al otro lado, y hubiese vuelto para dar a conocer lo que ahí vio.

Cuando tomó contacto por primera vez con el surrealismo, **sintió que "ya había estado allí", de alguna manera le pertenecía**. Era algo intrínseco a ella, no tenía que forzarlo, le nacía de forma natural.

Estar delante de una obra de Carrington, te traslada a un Universo de ensueño, en el que **TODO ES POSIBLE**. Se rompen todos los convencionalismos para sentir que estás pasando por un agujero, que bien podría ser el de Alicia en el País de las Maravillas.

"O el pozo era muy profundo, o ella caía muy lentamente, porque mientras descendía le sobraba tiempo para mirar alrededor y preguntarse qué iría a pasar a continuación"

Alicia en el país de las maravillas

Como Alicia, Leonora mantuvo a su "**niña interior**" despierta, al tiempo que algo de sabia anciana emanaba por todos los poros de su piel. Su obra, de entrada, puede parecer trivial, pero cuanto más la observas, más te das cuenta de su gran simbología y profundidad.

La parte de Hestia que había en ella, hizo se interesara por todas aquellas doctrinas y técnicas que podían ayudar a **la conexión consigo misma, con ese "mirar hacia dentro"**. Investigó sobre la cábala, el budismo tibetano, la meditación, la alquimia, la psicología de Jung…y todo ello lo reflejó en su obra.

Para Leonora, la vida era un tránsito. **Estamos aquí de paso, no le interesa el final porque igual no existe, le**

interesa el aquí y ahora.

En una entrevista que le hicieron en 2011, en México, su lugar de residencia, su hogar, desde 1942, Pablo Luna le preguntó: **"*Leonora, ¿de dónde venimos*?"** ella le remitió a una pregunta que los budistas hacían a sus discípulos cuando les asaltaba esa misma duda, *"¿buscas en la meditación de donde viene el pensamiento?"*

> *Alicia:* ¿Cuánto es para siempre? *El conejo blanco: a veces, solo un segundo.*

¡Vive!

TÁNDEM...?

4
SÍ QUIERO

Este capítulo me gustaría empezarlo contando una experiencia que, seguro, muchas de vosotras, en mayor o menor medida, compartiréis conmigo.

Desde pequeña me he considerado un **espíritu libre**, una persona capaz de vivir la vida de manera independiente y crear mi propio destino.

Si alguien me preguntaba, le decía que antes de tener una casa o casarme, quería montar mi propio negocio.

Más de una vez, me podías sorprender comentando que, en el caso de llegar a contraer matrimonio, mantendría mi independencia tal y como, de palabra, que no de hecho, me instaban y transmitían en casa.

El negocio lo monté y funcionaba muy bien. Un taller de restauración en el que los clientes se sucedían, y crecía cada día más.

¿Qué ocurrió?

Se cruzó el amor de mi vida, dejé el estudio y volé.

En ningún momento me he arrepentido de ello. Esa fue una decisión que tomé de manera muy consciente, pero **¿qué parte de mí se quedaba y cuál dejaba marchar?**

Me propuse continuar trabajando en el lugar donde me había ido a vivir, una ciudad que me encantaba, y me encanta.

Al principio así fue, pero poco a poco, la parte de **HERA** que me acompañaba, fue asomando la cabeza hasta hacerse visible por completo. Conforme iba subiendo la posición de mi marido, me iba acomodando, bajando paulatinamente mi ritmo, hasta hacerse casi inexistente.

Es verdad, que en algunos momentos en los que quise sobresalir y destacar por méritos propios, encontré ciertas reticencias sutiles, cierta falta de apoyo, que contribuyó a auto convencerme de que lo mejor para mí, y mi matrimonio, era dedicarme en exclusiva a él y la casa.

Durante un tiempo estuvo bien. De alguna manera también necesitaba **reconciliarme con esa parte**, la hogareña, sentir que había sanado ese trozo de mí, y era capaz de amar mi hogar, y lo que ello implicaba.

Mis creencias aprendidas no me permitían amarlo y disfrutarlo como lo que era: mi templo, mi matrimonio, mi hogar; ni **comprometerme de verdad con el vínculo que había contraído**.

Como digo, durante un tiempo estuvo bien, pero una vez sané esa parte, y mi compromiso se afianzó en mi mente y en mi corazón, **mi alma volvió a gritar diciéndome era necesario y vital, encontrar y desarrollar todos esos**

talentos que, tan sutilmente, estaba anulando.

Pero, **¿de quién crees era toda la RESPONSABILIDAD?**

Efectivamente, mía y solo mía. Y no fue hasta que lo entendí, que no empecé a cambiar e ir en busca de aquello que realmente quería, **CON TODAS SUS CONSECUENCIAS.**

Uno de mis miedos más arraigados era el que otros se pudieran sentir poco bien si alcanzaba el éxito, si volaba por mis propios medios. Esto, al mismo tiempo, **indicaba una necesidad de dependencia que chocaba frontalmente con mi auténtica naturaleza.**

¿Te has sentido así alguna vez?

"Mientras mi deber y mi corazón estuvieron en contradicción, el primero obtuvo raramente la victoria, a menos que no tuviera más que abstenerme; entonces era la mayoría de las veces fuerte, pero actuar en contra de mi inclinación me fue siempre imposible".

Las ensoñaciones del paseante solitario.
Jean-Jacques Rousseau

Cuando no eres leal a ti misma, cuando vives el sueño de otros abandonando el tuyo propio, algo va muriendo en tu interior.

De ti depende volver a la vida, irradiando LUZ en todo su esplendor. **Eres la única responsable.**

Haz de la INTEGRIDAD uno de tus valores, practícalo a diario hasta que sea algo natural en ti. Se fiel a tu ESENCIA, a tu PROPÓSITO DE VIDA, firmando un COMPROMISO contigo misma. Te ha costado mucho llegar hasta aquí, has cruzado desiertos y has sufrido tempestades, DI SI QUIERO, y sigue adelante.

PUEDES TENER LAS DOS COSAS: UNA VIDA EN PAREJA FELIZ Y UNA VIDA LABORAL MARAVILLOSA. MERECES LO MEJOR DEL UNIVERSO.

¿Lo quieres?

Cuando te hablo de **Hera** me refiero a la diosa del matrimonio, llamada Juno por los romanos. Una de las diosas vulnerables, venerada y odiada a partes iguales por sus contradicciones. Tan pronto podía estar alegre que dar rienda suelta a toda su cólera arrastrando a todo el que se ponía en su camino. (*)

Sus símbolos principales eran la vaca, el lirio, los "ojos" de la cola del pavo real y la Vía Láctea. (*) Sus cualidades principales: el COMPROMISO, la LEALTAD, y la ESTABILIDAD.

Podría hablarte de muchas mujeres artistas que se vieron eclipsadas por sus parejas, dejando de lado su trabajo, o pasándolo a un segundo o tercer plano.

A la cabeza me viene una mujer cosmopolita, de gran talento y en apariencia independiente que, contra todo pronóstico, se dejó engullir, como Zeus engulló a Hera, por la que fue su pareja durante años.

Hablo de **DORA MAAR** y su relación con Pablo Picasso. Se trata de una relación llevada al extremo, pero muestra de qué manera puedes llegar a boicotearte, y dejarte influir por lo externo si olvidas estar atenta y enfocada. Y, sobre todo, si dejas de trabajar la CONFIANZA y el AMOR por ti misma.

¿Recuerdas? No es posible DAR aquello que no tienes. Primero has de trabajar en ti para poder apor-

tarlo a las personas que te rodean, a la humanidad.

Dora Maar, nació en 1907 en el seno de una familia cosmopolita, de mente abierta y polifacética. A lo largo de su adolescencia e infancia vivió en varios países empapándose de su cultura. No pertenecía a ningún sitio en concreto. Era ciudadana del mundo.

Fue educada en términos de igualdad respecto a los hombres, su padre no creía que por ser mujer tuviera que casarse obligatoriamente y formar una familia. Veía a su hija como un todo en sí misma, de hecho, cuando Dora contaba 12 ó 13 años, le regaló su primera cámara de fotos. Fue consciente del talento que tenía su hija, y estaba dispuesto a darle todas las facilidades para que lo desarrollara.

Se emancipó muy pronto. **Ella tenía un sueño**, dedicarse a la fotografía y llegar a ser un referente dentro de ese campo. Decir que, en ese momento, esta disciplina artística no gozaba de la preeminencia que goza hoy. Aun así, **lo consiguió**.

Se convirtió en una de las fotógrafas más relevantes y extraordinarias del momento. De mente genial, fantástica y muy imaginativa, *"tenía una inclinación instintiva hacia lo misterioso, lo mágico y lo sobrenatural.*

Quisieron controlarla, pero ella no se dejó, era inteligente y una artista por derecho propio, ¿o no?

Quizá hasta ese momento sí. Parecía libre e independiente, pero ¿por qué entonces, en el momento que **Picasso** se cruzó en su camino todo cambió?

Toda su vida había sido una rebelde, necesitaba autoafirmar esa independencia y gritarla a los cuatro vientos, que todo el mundo la oyera. Tuvo un carácter extravagante cargado de cierta ironía, fruto quizá de esa necesidad de destacar, de lograr esa libertad, que dentro de ella sabía no tenía.

Una fachada, una careta de cara a la galería, para esconder así su vulnerabilidad.

"Aceptar nuestra vulnerabilidad en lugar de tratar de ocultarla es la mejor manera de adaptarse a la realidad".

David Viscott

Y yo añadiría: **SÓLO ES POSIBLE CAMBIAR ALGO SI TOMAS CONCIENCIA DE ELLO, Y LO ACEPTAS ABRAZÁNDOLO CON TODO EL AMOR DE TU CORAZÓN.**

¿Cómo puedes lograr tu independencia, ¿la libertad en cualquier aspecto de tu vida, si no reconoces comportarte de manera dependiente?

Este es uno de los mayores boicots a los que nos sometemos cada día. Creamos una fachada en la que construimos nuestra existencia, y damos la espalda a lo que de verdad hay dentro de nosotras, a lo que realmente nuestra alma desea.

Dora Maar sabía cuál era su sueño y llegó a conseguirlo, pero ¿hasta qué punto estaba COMPROMETIDA con él? ¿Hasta qué punto fue leal a sí misma?

Quizá su error fue pensar que era más fuerte de lo que creía, que podría "controlar" a Picasso, llevarlo a su terreno, hacer de él un hombre fiel –cuando lo conoció, él aún estaba casado con Olga Koklova, al tiempo que tuvo una hija con su amante Marie-Thérèse.

Aun así, ella quería convivir y compartir con Pablo como una pareja normal. Pensó podría salvarlo de sí mismo, craso error pues, como ella misma dijo en una ocasión: *"No existe Pablo, tan solo existe Picasso"*.

Se enamoró de él perdidamente convirtiéndose en "una

mujer que amó demasiado", hasta convertirse en una relación destructiva, y patológica.

Dora Maar, como artista, ya existía antes de Picasso. Sin embargo, se fue replegando a los sueños de él, dejando de lado los suyos propios, su verdadero propósito de vida.

Incluso, la indujo a ir dejando la fotografía en pro de la pintura, alegando que ésta tenía mejor aceptación en el mundo en que vivían.

La realidad, se cree, tras estudiar a fondo sus personalidades, que Picasso se sentía "amenazado" por la **genialidad de Dora** como fotógrafa. En pintura no podría igualarle y el genio seguiría siendo él.

Por voluntad propia, pues **la única responsable de tu vida eres tú, con independencia de las circunstancias,** el mundo la fue olvidando como gran fotógrafa para encasillarla como una de las mujeres de Picasso.

Hoy día, se está rescatando su nombre y su obra, separándola todo lo posible del artista malagueño. Se han realizado diversas retrospectivas en las que se pone de relieve su gran talento y personalidad, así como la gran influencia que tuvo en la sociedad de su época y en el mundo del surrealismo.

De vez en cuando, llegaron a formar un tándem perfecto. En esos momentos, Dora, se sentía feliz y valorada –dependía de la aceptación de los demás, en este caso de la persona con la que compartía su vida-.

Picasso necesitó de su sabiduría, empuje y creatividad, para la realización de una de las obras más importantes y reivindicativas del siglo XX, *El Guernica*. Le sirvió de modelo y acicate en los momentos en los que se veía flaquear, al tiempo que aportaba su visión y ojo educado gracias a su gran pasión, la fotografía.

¿Sabías que el noventa por ciento de las fotos hechas durante el proceso de creación de *El Guernica* las hizo ella? Un documento valiosísimo que nos permite entender casi paso a paso una obra de tan singulares características.

A Maar le hubiera gustado continuar en esa línea de colaboración, pero "el genio" no estaba dispuesto. Poco a poco se fue cansando, hasta que la abandonó.

Este hecho, lejos de empujarla a recuperar la relación consigo misma y su propósito, la sumió en una gran depresión, no sin antes pasar por episodios de ira y dolor. Hera estaba presente. Sin "su hombre" no era nadie y alguien debía sufrir. **Sufrió ella**.

El ejemplo de pareja que te he mostrado es un poco extremo, pero bastante revelador. Indica en mayor o menor medida, cómo puedes llegar a anularte, si dejas de prestar atención.

Para poder salir de ese estado de adormecimiento, en el que todo gira en torno a la persona que comparte la vida contigo, es necesario que, como Hera, te COMPROMETAS. Un compromiso que abarca a tu pareja, pero por encima de todo, a ti.

Entender que sois uno, y al mismo tiempo eres ÚNICA, es vital para poder seguir caminando con tus alas bien abiertas en la dirección que te has marcado.

Dora Maar **sabía** y se dio la vuelta, se dejó encandilar por la imagen del espejo, y sufrió mucho más de lo que ella podría haber imaginado. **Porque una vez sabes, no hay otra opción, debes continuar**. Si no, corres el peligro de convertirte en estatua de sal.

Imagino te preguntarás: ¿Y si no me entiende? ¿Y si no me apoya? ¿Y si me deja, seré capaz de vivir sin él? ¿Cómo se sentirá, mi éxito le dolerá?

Y yo te digo, ¿importa eso de verdad?

CUANTO MÁS AMOR SEAS CAPAZ DE DARTE A TI MISMA, CUANTO MÁS TE RECONOZCAS, TE ACEPTES Y MÁS LEAL SEAS A TUS VALORES, MENOR SERÁ LA IMPORTANCIA QUE LE DES A ESTAS PREGUNTAS. DEJARÁN DE SER UN OBSTÁCULO Y LLEGARÁ LA BENDICIÓN.

"Éramos dos fuerzas en movimiento. Uno hacía una cosa y el otro hacía otra."

Sonia Delaunay

No todas las mujeres del panorama artístico han llegado a comportarse igual ante la pérdida de su pareja. Existen otras que sí **supieron desarrollarse, y superarse a sí mismas, elevándose por encima de las circunstancias**.

Este el caso de **SONIA DELAUNAY.**

Nace en Ucrania en 1885, nacionalizándose francesa al casarse con Wilhelm Uhde, un afamado marchante que la puso en contacto con todos los cubistas como Picasso, Braque, y el mismo **Robert Delaunay**, de quien se enamora y toma su apellido al divorciarse de Uhde.

Ambos estuvieron a la cabeza de las vanguardias del siglo XX, **trabajando como equipo con un intercambio artístico constante.**

En su obra se aprecia claramente su conocimiento y pasión por el color, su interés por la línea, la curva, la contra curva; de una recta sale una curva, de esa curva otra recta...siempre marcando un ritmo. Una sucesión de formas en movimiento.

Eran un equipo, sí, pero ella consideraba que su carrera artística solo podía desarrollarse a través de su matrimonio.

"Desde que empezamos a vivir juntos, yo estuve en segunda fila y antes de la década de 1950 jamás di el paso adelante. Robert era brillante; tenía el instinto del genio. Por mi parte, yo vivía a mayor profundidad."

La diferencia que existe entre Dora Maar y Sonia Delaunay estriba en que, si bien la primera dejó aparcado su lado artístico al relacionarse con Picasso; la segunda nunca dejó de crear y creer, **usó su inteligencia para avanzar y aprender cada día más, apoyándose en su matrimonio**. Su carrera iba en paralelo a la de Robert Delaunay, quizá un pasito atrás pero siempre adelante.

Juntos crearon la teoría del simultaneismo. Para ellos, el ritmo que genera la música o el baile, era equiparable a la vibración que produce el color, en su relación de unos con otros.

Esto fue algo que ya tocó Mondrian en su día, y el matrimonio Delaunay, se encargó de llevar esta teoría a la vida cotidiana. Hicieron de todo objeto una obra de arte, y las artes decorativas se llenaron de formas y diseños de una gran belleza y originalidad.

El color fue una constante en toda su obra. Parece tener vida propia, una movilidad ágil y constante acorde con su personalidad.

Robert Delaunay muere en 1941. Sonia tenía la creencia de que su carrera sólo se podría desarrollar a través del matrimonio. Según esto, lo "normal" hubiera sido que, una vez fallecido su marido, "cerrara el chiringuito", y soltara los pinceles.

Una vez más nos sorprendió. **No sólo mantuvo los**

pinceles en su mano, sino que, además, lo hizo con mucha más fuerza si cabe.

Dejó patente que el COMPROMISO que tenía con su marido, no era incompatible con el que tenía con ella misma y su creación artística.

Tuvo que romper las barreras de su mente, superar los obstáculos y las voces que casi seguro le decían que, sin su compañero hasta ese momento, no llegaría.

Supo hacerlo muy bien, continuó con la labor iniciada junto a él desde el principio y la elevó, la hizo mucho más grande. Aplicó todos sus diseños a la moda, la escenografía, las artes decorativas, y el interiorismo. Para ella: *"Cuando el arte está dentro de ti, está en todas partes"*.

Llegó a abrir un salón de modas en Madrid, en el que presentaba todos sus diseños innovadores llenos de coloridos y formas abstractas. Su pintura pasó del lienzo a los tejidos, interrelacionando y creando un vínculo, que aún perdura, entre el arte y la moda.

Se relacionaba bien, por lo que le resultó fácil vestir con ellos a las mujeres de la alta sociedad de la época, dejando que saltaran a la calle para hacerlos cada vez más visibles.

Fue una mujer **valiente** y **constante,** que supo **mantener su foco** bien firme, y una gran **lealtad** hacia sí misma y su trabajo.

Supo sacar partido de la vida en pareja, y llegar a un acuerdo con la parte de Hera que había en ella para poder volar en libertad. Fue de la mano y aprendió a soltar cuando fue necesario. Desde ese momento se permitió desplegar su potencial para alegría de todos los que ahora podemos contemplar su obra, y de aquellos que han "bebido" de ella para crear.

Te he presentado dos artistas, las dos mujeres, las dos con una cierta dependencia de sus parejas. Las dos obtuvieron CLARIDAD muy pronto para saber cuál era su propósito de vida, las dos se pusieron en marcha y las dos fueron "abandonadas", "dejadas solas". Una entró en depresión y la otra resurgió como el Ave Fénix.

Experiencias parecidas, formas de afrontarlas completamente distintas. En las dos, Hera como arquetipo, pero sólo una pudo, y quiso, trascenderla e invocar a otras diosas, como Artemisa o Atenea, para permitirse volar en libertad.

¿Con cuál te quedas tú?

EN TORNO A LA MESA

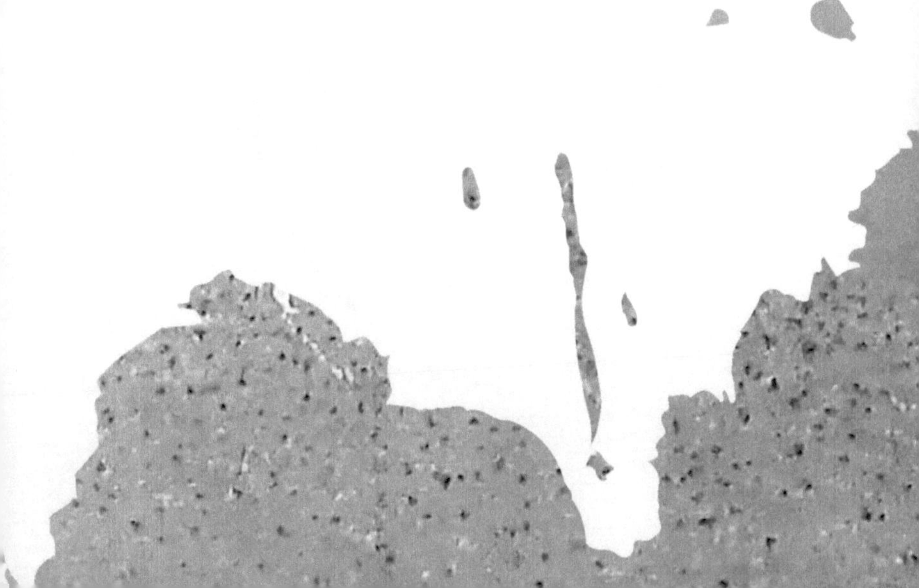

5
MAMÁ PATO

*"Los problemas surgen cuando tienes que en-
contrar un equilibrio entre lo que las personas ne-
cesitan de ti, y lo que necesitas tú para ti mismo."*

Jessye Norman

Una de las formas de auto sabotaje mejor aceptadas
por la sociedad, ya que implica ayudar y darse a los
demás, es decir SÍ siempre, o lo que es lo mismo, la
incapacidad para decir NO.

Este comportamiento puede llevar implícita la necesidad de reconocimiento o, en muchos otros casos, una
parte de la diosa Deméter haciendo su aparición.

Una "madre" permisiva que, por ser portadora de bendita
abundancia, no distingue dónde está el límite. Esto hace
que llegue a sentirse exhausta y agotada al final del día,
con la sensación de haberse dejado de lado otra vez.

Deméter, diosa de las cosechas, de la abundancia, nu-
tridora y madre. Llamada Ceres por los romanos, se la
suele representar con el cabello dorado y túnica azul. (*)

Representación del instinto maternal por antonomasia. Aquel que se obtiene, no solo a través del embarazo, sino también, el que viene dado mediante el **suministro a los demás de alimento; ya sea físico, psicológico o espiritual**.

Entre sus cualidades están la GENEROSIDAD, el ALTRUISMO y la LEALTAD.

Para una mujer Deméter, "sus hijos" son lo más importante y hará todo lo posible por mantenerlos "a salvo" en función de lo que ella considera debe salvar, ejerciendo el control sobre ellos si es necesario.

Ella sabe lo que conviene a cada uno de ellos, y actúa en consecuencia, generando la dependencia que, en su fuero interno, ella necesita para sentirse útil, querida y recompensada.

"Sé bendecido. De la misma manera que estás transformando tu vida, transforma la de los demás a tu alrededor. Cuando te pidan, no olvides dar. Cuando llamen a tu puerta, no dejes de abrir. Cuando pierdan algo y se dirijan a ti, haz lo que puedas y encuentra lo que se haya perdido. **Pero antes pide, llama a la puerta y descubre todo lo que está perdido en tu vida**. *Un cazador sabe lo que le espera: devorar la presa o ser devorado por ella".*

Paulo Coehlo

La GENEROSIDAD, la capacidad de DAR, es una de las mejores cualidades que, como seres humanos, podemos tener. Es, junto con el AGRADECIMIENTO sincero, la que te abre las puertas a una vida PRÓSPERA y ABUNDANTE.

Ahora bien, **¿has de ser generosa solo con los demás o también contigo? ¿Te has parado a pensarlo alguna vez? Y ¿cuántas veces lo has "usado" para sabotear tu vida, y tus propios sueños?**

Probablemente muchas. Y probablemente ni siquiera te has dado cuenta.

Jesús dijo: ***"Amarás al prójimo como a ti mismo"*** **COMO A TI MISMO, no menos o más que a ti, sino de igual forma.**

¿Te has sentido alguna vez exhausta al llegar a casa? ¿Con la sensación de estar arrastrándote por el desierto, con una falta de energía tan grande que te cuesta respirar?

¿QUÉ PARTE DE TI ESTÁS ABANDONANDO? ¿QUÉ PARTE ESTÁS DEJANDO DE PROVEER?

Durante un período largo de mi vida hubo una "mamá pato" en mí. Una mujer que necesitaba atender y proveer de forma continuada, que se sentía culpable si no atendía las demandas de sus amigos, de su familia, sus seres queridos, que dejaba todo lo que estaba haciendo para correr, que digo correr, volar…

He llegado a coger trenes y aviones en el mismo día, para ir allí donde creía me necesitaban. No importaba si lo que estaba haciendo era importante o no, aquello que me estaban demandando, o yo creía que lo hacían, lo era mucho más.

En algún momento tuve que parar, me di cuenta del daño que me estaba haciendo, me sentía frustrada, dando vueltas como una peonza y, aún más, inmersa en una enorme confusión.

¿Por qué me sentía tan vacía y cansada si hacía lo que se suponía correcto? ¿Por qué tenía la sensa-

ción de estar cada día más separada de mi sueño?

Estuve un tiempo haciéndome esas preguntas, hasta que decidí PONERME EN ACCIÓN para encontrar las respuestas.

Estaba claro que me estaba saboteando, pero ¿por qué?

Encontré la solución.

No me quería lo suficiente, por lo que no me sentía merecedora de ser bien tratada por mí, o por los demás, y mucho menos de lograr y mantener aquello que quería.

¡Tocaba trabajar!

Fui consciente de la forma tan sutil con la que dejaba de ser responsable de mis cosas, para "responsabilizarme" de las de los demás. Las hacía mías y sufría intentando cambiar a otros. **Así, "me olvidaba" de mi propósito y podía "echar balones fuera".** La "culpa" era de otro, así que...

¿Te ha pasado alguna vez?

Crees actúas de manera generosa, que la vida de tus "hijos" –amigos, pareja, compañeros de trabajo- es tu responsabilidad. Tú tienes la clave. Esto sólo puede llevarte a un alto grado de frustración y agotamiento, la fuerte sensación de estar dándote contra un muro de cemento que, cada día, se hace más fuerte.

TODO AQUELLO QUE QUIERES CAMBIAR, O MEJORAR COMIENZA POR UNO MISMO. HAZTE CIEN POR CIEN RESPONSABLE, TRÁTATE CON SUMO MIMO Y CUIDADO. FORMAS PARTE DEL UNIVERSO, ERES UNO CON ÉL, MERECES LO MEJOR.

Empieza a **cultivar la generosidad y el agradecimiento hacia ti para poder serlo con los demás;**

desde tu alma, tu corazón y, sobre todo, desde tu libertad de elegir.

Graba en tu mente esto: **SER GENEROSA, SER DA-DORA, ES COMPATIBLE CON LA PALABRA NO, CON SABER PONER LÍMITES, Y MEDIR LA IMPORTANCIA QUE TIENEN LAS PETICIONES QUE TE LLEGAN.**

Al principio te sentirás poco bien, extraña, te entrarán dudas sobre si estás haciendo lo correcto, si estás siendo "buena persona, buena amiga, buena...".

Tranquila, estás cambiando un hábito, practícalo a diario, empieza a hacerlo con las pequeñas cosas para ir acostumbrándote a la sensación. Y no te extrañes si de repente te sorprendes yéndote al extremo contrario. **Se CONSTANTE, encontrarás el equilibrio y podrás seguir tu viaje, más ligera de equipaje.**

Habrás encontrado una forma saludable de GENERO-SIDAD, mediante la cual darás a manos llenas. Tu energía se mantendrá alta, y el cansancio remitirá. Abrirás de par en par las ventanas de tu alma, y el aire fresco repleto de ABUNDANCIA te envolverá.

"Da lo que tienes para que merezcas recibir lo que te falta".

San Agustín

He dado muchas vueltas hasta encontrar a una artista que pudiera encajar de alguna forma en este capítulo, y pudiera aportarte un punto de apoyo, cuando tus miedos aparecen y te boicoteas.

Al final, he vuelto a mi admirada **FRIDA KAHLO.** Creo puede ser un ejemplo de lo que sí, y de lo que no, hacer en determinadas circunstancias.

Fue una artista mexicana, de gran relevancia internacional. Hoy es todo un referente dentro del mundo del arte, así como de la moda y el movimiento feminista. Imitada hasta la saciedad, su imagen es todo un símbolo que sigue perdurando de generación en generación.

Su vida fue poco fácil, desde pequeña estuvo atada al dolor, **el cual supo trascender y utilizar en su beneficio para crear.**

Aun así, hay un dolor del que nunca se recuperó, su incapacidad para tener hijos, para ser madre. Lo deseaba con todas sus fuerzas, pero debido al accidente de autobús tan grave que sufrió, todos sus intentos fueron en vano.

Este hecho hizo que, por la parte de Deméter tan potente que había en ella, se sintiera incompleta toda su vida.

¿Qué es lo que hizo?

Fijó su atención en el "hijo" que tenía más cerca, su propio marido **Diego Rivera**.

Su obra *El abrazo de Amor del Universo* refleja muy bien el tipo de relación que tenían. En ella se pueden observar elementos de diversa índole: símbolos del día y la noche, la vida y la muerte y, sobre todo, en la parte central, la figura de Frida con Rivera desnudo en su regazo como si fuera un niño.

Esta relación, compleja, estuvo llena de altibajos. Frida le consentía todas las infidelidades y ausencias, para después invadirle unos celos terribles envueltos en un comportamiento pasivo-agresivo que clamaba venganza, por lo que llegó a serle infiel de la misma manera. Al final, ella le perdonaba y él volvía a su regazo.

*"Siento que te quise siempre, desde que naciste,
y antes, cuando te concibieron. Y a veces siento
que me naciste a mí"*

Frida Khalo

Aun así, nunca se permitió caer en la depresión y olvidar su verdadero **propósito de vida.** Todo lo contrario. Todo ese dolor, ese sufrimiento y vacío por no haber podido ser madre, dar a luz, lo volcó de lleno en su pintura.

Había adquirido un **COMPROMISO** con ella misma: estaba dispuesta a dejarnos su legado y distribuir sus talentos sobre la Tierra, gracias a su enorme **GENEROSIDAD.**

Le gustaba nutrir a las personas que le rodeaban, su puerta estaba abierta a todo aquel que pudiera tener una dificultad, y estaba siempre dispuesta a escuchar.

¿Era esta otra forma de hacer salir a la "madre"? Posiblemente sí, y lo hacía con todo su cariño y atención.

La cocina era otra de sus pasiones, existen libros con las recetas que ella realizaba. En esto también era una artista, en realidad, lo era en todo lo que tocaba.

Organizaba grandes ágapes en los que rodeaba, en torno a su mesa, a amigos y familiares. Las fiestas de Nochebuena y Nochevieja se podían alargar hasta el 8 de enero, con total tranquilidad.

Disfrutaba dando de comer, nutriendo, haciendo sentir bien a las personas que había a su alrededor. Vivía en ABUNDANCIA, y eso se reflejaba en su modo de vida, y en su arte.

Estos valores: **compromiso, generosidad, capacidad de dar, lealtad y abundancia**, le permitieron seguir adelante con su sueño y no detenerse hasta el final.

Por encima de todas las dificultades, estaba su Esencia, ella era artista, se comprometió con ello y hoy se lo agradecemos.

Podemos disfrutar de su amplio legado que engloba cuadros, vestidos, cerámicas, joyas, recetas y, sobre todo, ella misma. **Su capacidad para levantarse y hacerlo cada vez con más fuerza, su manera de trascender tanto la belleza, como la fealdad, y el dolor. La palabra rendición nunca estuvo en su vocabulario y nunca tiró la toalla.**

*"Creo que **cada escultura debe ser tocada,** es parte de la forma de hacerla y es realmente nuestra primera sensación, es el sentido del tacto, el primero que tenemos cuando nacemos. Creo que cada persona que mire una escultura debe utilizar su propio cuerpo. No puedes mirar una escultura si vas a permanecer rígido, debes caminar alrededor de ella, inclinarte sobre ella, tocarla y alejarte de ella".*

Así entendía la artista británica **BARBARA HEPWORTH** la escultura, y así la entiendo yo.

Quien me conoce, sabe de mi amor por este medio y, si es en madera, aún más. Tener una escultura delante, poder rodearla y verla desde todos los ángulos, observarla, imaginar que son mis manos las que le están dando forma, ponerme en el lugar del artista, e intentar sentir lo que posiblemente sintió, me lleva a un mundo de inspiradoras sensaciones, y me transporta a otra dimensión.

Barbara Hepworth, nace en Inglaterra en 1903. Sus comienzos estuvieron influenciados por la obra de **Brancusi** y de **Henri Moore** de quien fue muy amiga. Ambos, Hepworth y Moore trabajaron juntos la abstracción de forma muy innovadora, haciendo uso de todos los materiales tradicionales.

Fueron los precursores del "agujero" en el espacio, de abrir un gran hueco en la escultura para dejar pasar la luz o "buscar la luz dentro de la escultura". El lleno y el vacío. Para ella *el espacio es tan importante como el volumen*.

En un principio trabajó con la piedra y el metal, para después pasarse casi por completo a la madera, la que sentía como su medio natural.

Para **Barbara Hepworth**, lo más importante que quería transmitir es: ***"La esencia natural de la belleza y su armonía con el espacio".***

Tuvo una buena vida, regida por una gran ESTABILIDAD y EQUILIBRIO, que le permitió sortear los obstáculos con bastante habilidad.

"Hay que buscar el buen equilibrio en el movimiento y no en la quietud".

Bruce Lee

Como Bruce Lee, **Hepworth** siempre estuvo en movimiento, un movimiento preciso y calmo, como mecido por el viento; fruto de **valores y convicciones firmes** que le hacían estar con los pies bien apoyados en el suelo, al tiempo que su alma volaba proyectando creatividad a raudales.

A diferencia de **Frida Kahlo**, sí tuvo hijos, cuatro. Uno de su primer marido, John Skeaping y tres más del segundo, Ben Nicholson. Estos últimos, trillizos, dieron forma a su escultura *Tres formas,* realizada en 1968.

Tuvo la inmensa suerte de **saber** desde los siete años, cuando asistió a una clase de arte, cuál era su esencia y aquello a lo que se quería dedicar. Siguió todas las miguitas de pan que el Universo le iba tirando y **se realizó plenamente tanto como artista, esposa y madre**.

Su vida no estuvo exenta de dificultades, uno de sus hijos, cuando contaba la edad de diecinueve años, murió en un accidente de avión. Era piloto.

Una vez más, dio muestras de su **gran entereza y sabiduría**; aceptó el dolor, aceptó la pérdida, y soltó. Así, logró el desapego que permitió siguiera prestando atención al resto de su familia, y a su trabajo.

"La vida es un sistema equilibrado de aprendizaje y evolución. De placer y dolor. Cada situación en nuestra vida sirve a un propósito. Depende de nosotros reconocer lo que podría ser ese propósito".

Steve Maraboli

Dos caras de una misma moneda, dos artistas muy diferentes. **Las dos trascendieron el dolor de la pérdida, y lo pusieron al servicio del arte para contribuir de esa forma con la Humanidad. La una con un alto grado de COMPROMISO Y GENEROSIDAD, la otra; con gran ENTEREZA, EQUILIBRIO Y SABIDURÍA.**

No se dejaron "engañar" por la imagen del espejo, y lejos de "tirar la toalla", siguieron adelante.

¿Qué quieres hacer tu?

ARRIBA Y ABAJO

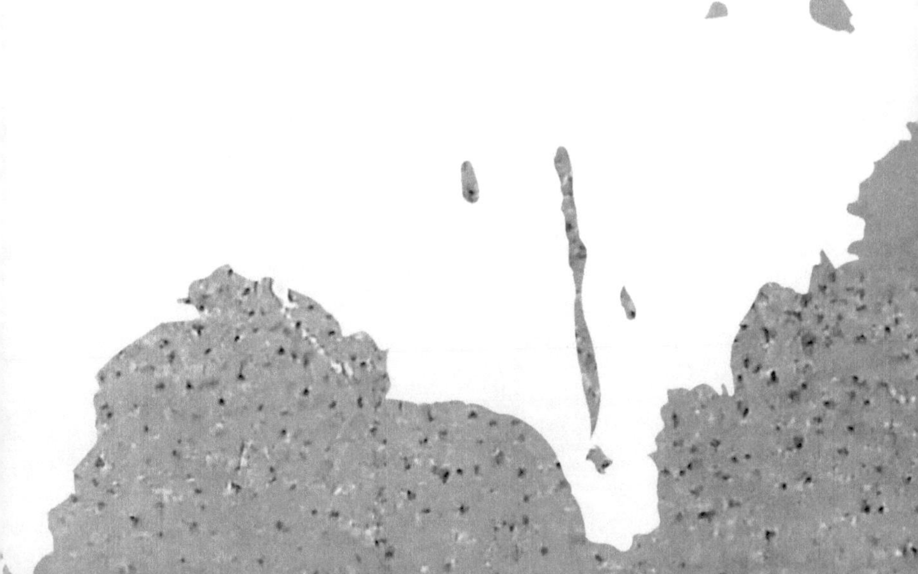

6
PERSÉFONE

¿Conoces la obra prerrafaelita realizada por **Dante Gabriel Rosetti** en 1874?

Se trata de un retrato femenino de gran belleza que representa a la diosa **Perséfone**, o Proserpina para los romanos.

En ella, refleja el momento inmediatamente posterior a comer la granada ofrecida por Hares. Este hecho da lugar al llamado Mito de Perséfone o el Rapto de Proserpina, también llamado el *Mito de la Primavera*.

Según la mitología griega, estaba un día recogiendo flores cuando Hades, que se había enamorado perdidamente de ella, la rapto y la llevó a las profundidades, al inframundo, para obligarla a casarse con él. (*)

Se dice que Zeus, su padre, estaba en connivencia con él, dejándole vía libre para que la raptara.

Más tarde, al ver el dolor que había producido en su mujer, Deméter, decidió hablar con Hades para pedirle que dejara libre a su hija. En realidad, Deméter estaba tan triste y tan rabiosa que, como diosa de las cosechas, había dejado de nutrir a la humanidad, por lo que las ofrendas a los dioses peligraban.

Hades dejó libre a Proserpina, pero no del todo, pues previendo lo que podía pasar, hizo que comiera granos de una granada, atándola de por vida a volver al inframundo al menos, una vez al año.

Así es como surge la primavera según la mitología griega.

La época en la que esta diosa se encontraba con Hades correspondería al invierno, en el que las flores se cubren de nieve y frío; dando lugar a la estación de las flores cada vez que saliera de allí y emergiera a la superficie. En este momento las plantas y los animales se llenarían de alegría y ganas de vivir. **Una y otra vez resurge de sus cenizas como el Ave Fénix.**

Si trasladas esto a la vida real, a tu vida, seguro encuentras similitudes.

¿O no es cierto que, cuando te sientes poco bien, cuando te limitas y te coartas, cuando te dejas influir por las voces externas, por la imagen del espejo, "comiendo del fruto prohibido" y dejas de ser tú misma, te sientes como si te hubieran "raptado", como si te hubieran quitado tu identidad, y te haces pequeña hasta caer al abismo casi por completo?

Y, ¿no es cierto también que, **cuando decides dar la espalda a la imagen, encontrar tu verdadera ESENCIA y ser tú misma, sales a la luz con mucha más fuerza? Te elevas por encima de las dificultades, emanas luz e inspiras allí dónde vas.**

Haz memoria, estoy segura te has sentido así alguna vez.

Y, si ya conoces el camino, ¿por qué volver a caer? ¿Por qué regresar allí donde todo es oscuro y triste?

"Si ya sabes lo que tienes que hacer y no lo haces entonces estás peor que antes".

Confucio

Es verdad, que el "grano de granada" que te van dando desde que eres pequeña, influye de manera directa en la forma en que te comportas cuando eres adulta, así como en tus hábitos y creencias. Esto determina tu vida en la mayor parte de los ámbitos, y hace que goces de una existencia feliz o no.

Una vez conoces cuáles son estos "granos", y has descubierto y aceptado tu Esencia, es tu obligación moral para contigo y para toda la humanidad, decirles adiós desde el AGRADECIMIENTO y abrazar los CAMBIOS con ENTUSIASMO. Esto hará afloren en ti aires de JUVENTUD INSPIRADA, y podrás ser el canal que has venido a ser.

A través de ti, el Universo expandirá su poder creador y podrás entregar LUZ a todos los que te rodean.

Pensar que "estás condenada" de por vida por aquello que te transmitieron, es una forma de autoengaño que sólo te traerá sufrimiento; aunque saques la cabeza una y otra vez.

Eres libre de elegir, ¿qué prefieres ser LUZ u oscuridad?

"Hay dos formas de difundir la luz. Ser la lámpara que la emite o el espejo que la refleja"

Yutang Lin

Perséfone, *"fue venerada como "doncella" o la koré (que significa joven adolescente) y, como reina del mundo subterráneo.* **La Koré era una esbelta y bella diosa joven**, *asociada a los símbolos de fertilidad: la granada, el cereal, el maíz, así como el narciso, la flor que seducía. Como* **reina del mundo subterráneo, era una diosa madura***, que reina sobre las almas muertas, guía a los vivos que visitan el mundo subterráneo y pide para sí lo que desea"* (*)

Has visitado el otro lado, esa parte profunda de ti que te llevó al invierno de tu vida; lo conoces, has vuelto y lo has superado, es tu turno.

COMPARTE tu sabiduría e inspira a los demás para salir, y lograr su TRANSFORMACIÓN.

Como símbolo de la primavera, Perséfone, representa la **juventud**, potenciadora de **vitalidad** y **crecimiento**.

En su lado menos positivo, está **la pasividad**. Se deja llevar y le cuesta ponerse en marcha. De ahí que, año tras año, vuelva a sumergirse en las profundidades, aun habiendo conocido la frescura, libertad y felicidad que siente cuando emerge a la superficie.

Cuando sientas desgana o pereza por cumplir tus objetivos, por superar las dificultades, y PASAR A LA ACCIÓN, acuérdate de Perséfone y alienta sus otras cualidades.

Mantén a **tu niño interior** activo y alegre, fomenta su inocencia, recompénsalo de vez en cuando y ¡¡haz que juegue!! Te dará la ENERGÍA QUE NECESITAS PARA MANTENERTE ALEGRE Y REBOSANTE DE VITALIDAD. TU PODER CREADOR CONSERVARÁ SU MAGIA Y LOS MILAGROS SUCEDERÁN.

"Soy realista, espero MILAGROS".

Wayne Dyer

Me viene la imagen de una artista que, es posible tenga algo de esta diosa. Mantiene ese aire aniñado y vital, un tanto extravagante, a pesar de sus ochenta y nueve años. Fue "raptada" por su propia psique, y se mueve entre el paraíso y el averno con gran habilidad.

Desde pequeña tuvo muy claro lo que quería hacer y compartir. Era, y se sentía **artista**, sin embargo, su madre no la dejaba. Decía:

"Debido a que mi madre era contraria a que me convirtiera en artista, emocionalmente empecé a ser muy inestable y sufrir crisis nerviosas. Fue desde entonces que empecé a recibir tratamiento psiquiátrico. Al traducir el miedo de las alucinaciones en las pinturas, estuve tratando de curar mi enfermedad. Mi arte mantiene una estrecha relación con mi salud mental".

Probablemente, esta no fuera la única causa de su inestabilidad, pero de alguna manera influyó ya que, como la diosa, en ocasiones una mujer **Perséfone**, para huir de una madre en exceso controladora, puede aislarse y crear una vida paralela, fruto tan solo de su propia imaginación. Un mundo inaccesible para todos, excepto para ella misma.

Te hablo de **YAYOI KASUMA,** artista nacida en Japón en 1929, época en la que la mujer japonesa era menos que un cero a la izquierda, y mucho más si de arte se trataba.

Un día, en contra de la voluntad de su familia, se marcha a Nueva York, donde **se promete a sí misma llegar a lo más alto como artista**. Curioso que se lo prometiera cuando estaba en la cima del Empire Estate Building.

Fue precursora del arte pop y del arte feminista influyendo en sus contemporáneos.

Diagnosticada de un trastorno obsesivo compulsivo y psicosis, empezó a "ver" puntos por todas partes a modo de alucinación. Este ha sido el tema central de su obra desde casi sus inicios: lunares de colores pintados a diestro y siniestro.

Al principio se limitaba al lienzo, pero poco a poco, se fue dejando llevar hasta sacarlos de allí y llevarlos a las paredes, el suelo, el cuerpo, los muebles…

Un Universo particular traído directamente de su psique, mediante el cual quería romper todos los límites del espacio. Su forma de expresión está basada en la repetición y los patrones.

Consiguió lo que se propuso. Hoy es una de las artistas más cotizadas del mundo, llegó a alcanzar la fama y el reconocimiento, y lo ha mantenido hasta nuestro días.

Entrar en el mundo Yayoi, es entrar en el mundo de la psicodelia, que tanta repercusión tuvo en los años setenta del pasado siglo. Mediante su observación se podía llegar a alterar la percepción del tiempo y el espacio, *ofreciendo una vía de escape a la vida diaria y la conciencia.*

Para ella, representar de manera continuada sus "alucinaciones", **es la forma que tiene de salir de las profundidades, y acercarse a la luz.**

Durante su estancia en Nueva York trabajó con tanta intensidad, que llegó a quedar exhausta. Decidió volver a Japón donde sigue viviendo y pintando con la misma firmeza.

Desde hace años vive en una institución mental, aunque, a diario, se desplaza a su estudio en Tokio para trabajar, donde invierte al menos nueve horas ayudada por sus asistentes.

A través del arte, **ha encontrado la manera de "capear" las dificultades de su mente, saliendo y entrando del abismo a voluntad**. Como también, por voluntad propia, vive en esa institución.

Puede que sea por necesidad o por seguir alimentando el personaje Kusama. En cualquier caso, cumplió su sueño, **decidió sacarle partido a su obsesión, abrazarla, y aceptarla desde el amor. Le dio la vuelta.**

"El amor como filosofía de vida que todo lo abarca, permite a los seres humanos vivir sus vidas en este universo infinito".

Yayoi Kasuma.

Cuando adoptas una actitud pasiva, no te estás haciendo RESPONSABLE de tu vida, estás dándole el poder a las circunstancias, a todo lo que hay fuera, incluidas otras personas.

Estás bajando tu energía, y con ello, tu autoestima. Te vuelves vulnerable y maleable como Perséfone, cambiando el color de tu piel como un camaleón. Te mueves, hablas, y actúas en función de lo que los demás quieren, y te adaptas a ello. Vives el sueño de otros.

¿Es eso lo que quieres?

Ante cualquier dificultad que la vida te presente, LEVÁNTATE DEL SILLÓN, PONTE DE PIE, mírala de frente, y haz como Yayoi, dale la vuelta y úsala en tu propio beneficio.

Quedarte quieta, significará que estás haciendo caso a tu Ego en vez de a tu Alma, y te paralizarás.

Como dice una persona querida y sabia: **El Ego está ahí por alguna razón, y hace su aparición cuando menos te lo esperas. Estate atenta, quiere ayudarte a crecer. Acéptalo y, sobre todo, edúcalo.**

De esta **manera podrás "soltar", sintiéndote más ligera de equipaje para reanudar la marcha en pro de tus objetivos.**

"Deja tu ego en la puerta cada mañana y simplemente haz un gran trabajo. Pocas cosas te harán sentir mejor que un trabajo brillantemente hecho".

Robin S. Sharma.

En agosto, de 1910 nace en Illinois, **DOROTHEA TANNING**. Artista multidisciplinar, el arte impregna su vida tocando tanto la pintura, como la escultura, el dibujo y la escritura. A ésta, se dedicará casi en exclusiva, sus últimos años.

Perteneciente a una familia modesta, de un entorno rural, pronto decidió que quería dedicarse al arte. Un sueño demasiado grande para el sitio donde vivía.

Este hecho no la detuvo, tenía claro su propósito, por lo que decidió marcharse a vivir a Nueva York, para más tarde viajar a París, e intentar abrirse camino allí. La Segunda Guerra Mundial había dejado la ciudad vacía, por lo que regresó a Estados Unidos, a la ciudad de los rascacielos.

De alguna manera sabía que debía hacerse tan grande como su sueño. Su intuición le decía que debía SER y

HACER, antes de TENER. Fue autodidacta.

Una vez allí, pudo tomar contacto con el grupo de los surrealistas, interesándose por este movimiento de manera muy especial.

Gracias a este encuentro, pudo romper los límites del inconsciente, buceando en él a través de los sueños para plasmarlos después en su pintura. Esto le da la "apertura" mental que necesita para desvincularse de las limitaciones vividas en su niñez, la sensación de claustrofobia que le producían, e ir sanándolas por el camino.

Una obra que nos indica cómo había vivido su infancia es *Retrato de familia.* En torno a una mesa se retratan sentados, ella y su padre; de pie, la que se supone es su madre ataviada como una sirvienta, le da de comer al perro.

Influenciada quizá por los libros de Leslie Carrol, que leía desde niña, el tamaño de los personajes aparece distorsionado y desproporcionado.

A su padre lo representa gigantesco, a modo de estatua colosal hierática y rígida –casi lo deshumaniza-; a su madre, muy pequeña y anciana, sometida por completo al padre. Incluso el perro es, en proporción, más grande que ella.

Dorothea se pinta de perfil, mirando al frente, con los ojos muy abiertos. Parece asustada. Su postura indica la necesidad de huir de ahí, se siente atrapada, "raptada", y quiere salir a la superficie.

*"La creación artística siempre ha sido una balsa
donde nos refugiamos para no naufragar nuestra
cordura"*

Estaba conectada a su PROPÓSITO, por lo que aprendió a entrar y salir de lo más hondo de su mente, para "regresar" con todo lo allí aprendido, y plasmarlo de manera **VITAL Y ENÉRGICA** en su obra.

Fantasía, imaginación y elementos oníricos se mezclan, para dar lugar a obras de arte llenas de profundidad, envueltas en sentido del humor y cierto aire infantil.

Como le ocurría a Georgia O´keeffe, no le gustaba el término "mujer artista". Decía: *"Mujeres artistas: no existe tal cosa –o persona. Es una contradicción en sus términos, al igual que "hombre artista" o "elefante artista". Puedes ser una mujer y puedes ser una artista; pero lo primero te viene dado, y lo otro lo eres tú".*

De esta manera influyó, como Perséfone madura, en mujeres jóvenes, que querían dedicarse al arte de forma independiente. Soltarse de la mano del hombre para volar solas, a través de la comprensión de su propia existencia y naturaleza.

No obstante, su nombre estuvo eclipsado durante mucho tiempo por el de su marido, **Max Ernst**, pero nunca cejó en su empeño de hacerse un hueco en el que se la reconociera por ella misma, hasta que lo consiguió. De esta manera contribuyó a la liberación de futuras generaciones.

Una vez más, el PROPÓSITO, triunfa. Una vez más, el arte sirve de vehículo para un bien mayor, y una vez más, mujeres extraordinarias vencen sus miedos, se "arremangan", y se suben al carro que las lleva directamente a la consecución de sus sueños, para ponerlos al servicio de la humanidad.

¿Pereza? Probablemente mucha, ¿ganas de tirar la toalla? Seguro muchas más. ¿Ganas de replegarse y hundir la cabeza en la almohada? Infinidad. Pero, al final, la MOTIVACIÓN, la INSPIRACIÓN, la CONEXIÓN con su ALMA, fueron más fuertes que todo ello y decidieron atravesar el desierto hasta alcanzar el paraíso.

¿Qué prefieres tú?

DANZA MECIDA POR EL VIENTO

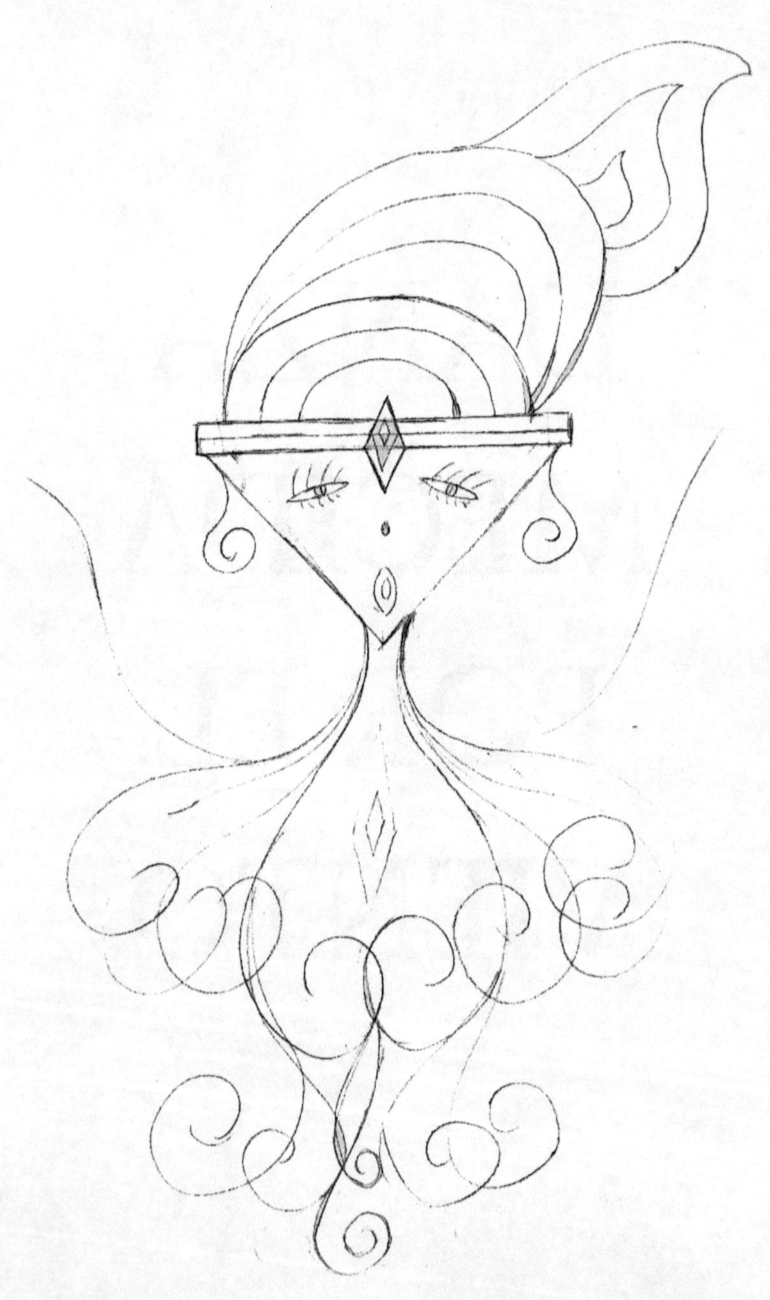

7
EL NACIMIENTO DE VENUS

Este capítulo quiero dedicarlo a la diosa **AFRODITA**, Venus para los romanos, y no se me ocurre mejor manera, que hacerlo contándote un poco sobre la magnífica obra de arte que da nombre a este capítulo, *El Nacimiento de Venus.*

Pintada por **Sandro Botticelli** en 1484, es una de las obras cumbres del Quattrocento italiano.

En realidad, el cuadro no representa el momento exacto de su nacimiento. Según la mitología, Venus, Afrodita, nació de los testículos del dios Urano, que fueron arrojados al mar, tras ser arrancados por su hijo Cronos.

La escena escenifica la llegada de la diosa a la isla de Chipre. Se desplaza sobre una concha empujada por el soplo del dios del viento, Céfiro, y la diosa de la brisa,

Aura. Ambos los representa abrazados, formando una **unidad**, y recordándonos que la UNIÓN hace la fuerza, siempre que se camine en la misma dirección. En este caso, el objetivo es que Venus llegue a su destino; el empuje, el soplo de los dos dioses al unísono, hace que esto tenga lugar con gran armonía y suavidad.

¿Se estaría refiriendo Botticelli a la unión del cuerpo, mente y espíritu?

Es posible.

¿O no es cierto que, una vez logras unirlos, te equilibras, tus alas se extienden, te elevas, y te mueves en armonía con el Universo?

La isla de Chipre bien podría ser tu PROPÓSITO DE VIDA, tu sueño.

¿Cuántas veces tu corazón ha querido una cosa y tu mente racional te está diciendo otra? Muchas, ¿verdad?

Imagínate la escena de otra manera.

Imagina que Venus eres tú. Ella sabe lo que quiere y a dónde quiere llegar. Se pone en comunicación con Céfiro y Aura, (mente y espíritu, quizá) para que la ayuden en el recorrido. Dicen que sí, pero cada uno tiene una forma de "ver" las cosas, por lo que cada uno empieza a soplar hacia un lado distinto. Las fuerzas empiezan a "chocar", pierdes la serenidad, te tambaleas y caes.

Sin embargo, cuando estás en equilibrio, tu alma se conecta con tu poder superior. Esta conexión hace irradies LUZ y BELLEZA por todos los poros de tu piel; te conviertes en un verdadero imán de ABUNDANCIA y PROSPERIDAD.

Sientes cierto pudor, pero aun así te muestras tal como eres, ya no necesitas esconderte. Te desnudas casi por completo ante el mundo, y ante ti misma. Deseas compartir tus talentos y lo haces fluyendo desde el corazón.

Así se presenta **Afrodita** en el centro de la obra: esbelta, bella, resplandeciente e iluminada.

Desnuda ante nuestros ojos. -A título anecdótico contarte que fue el primer desnudo de carácter mitológico que se pintó después de casi mil años-.

De forma sutil se tapa con sus cabellos dorados, **ya no son una coraza, ha dejado de necesitarla; el mismo viento los puede apartar para poder ver su alma**. La TRANSPARENCIA, y la HONESTIDAD rigen su vida abriendo las puertas a la BELLEZA.

Siguiendo lo que dijo Alejandro Sanz en una ocasión: *"Creo que soy un artista transparente, de esos que cuelga la ropa en el frente y esas ropas son mis canciones, con ellas pueden descubrir toda la intimidad, mi alma al desnudo".*

Qué bello, ¿verdad?

Tener la CONFIANZA para abrir tu ALMA, desnudarte, y ponerte al servicio de la HUMANIDAD.

¿Has podido experimentar lo que ocurre cuando confías, cuándo dejas de pensar y sentir que "quieren hacerte daño"?

Así es, **tu alma se expande. Te haces grande y te conviertes en CREADORA, DADORA y GENERADORA de VIDA en todas sus manifestaciones. Al mismo tiempo, al expandirte, tienes más espacio para RECIBIR todas las BENDICIONES que el Universo tiene preparadas para ti**.

En *Las Metamorfosis* de Ovidio, uno de los libros en los que, se cree, se basó Botticelli para realizar *El Nacimiento de Venus*, se dice lo siguiente:

"Hay un camino en lo alto, visible en los cielos transparentes, llamado Vía Láctea, que resplandece con brillo propio. Los dioses van por ella a la morada del gran Tonante y su residencia real...Allí los famosos y poderosos habitantes del cielo han sentado sus reales. Esta es la región que podría atreverme a llamar la palatina del Gran Cielo"

Poco a poco, Venus, se va acercando a tierra, a su destino. Se desliza con suavidad sobre una concha, elemento relacionado directamente con el agua y con la feminidad.

En algunas culturas, como la cristiana, **se relaciona también con el camino transitado, el peregrinar del hombre hasta encontrar la Tierra Prometida.**

¿Has hecho el Camino de Santiago? Es uno de sus símbolos principales.

Pero sigamos con el *Nacimiento de Venus*. Al llegar a la isla de Chipre, le está esperando en la orilla una de las Horas, la primavera. En la mitología griega las Horas eran la personificación de las estaciones como etapas de la vida.

Al llegar esta estación, el frío cesa, la luz resplandece, los animales salen de su letargo, y las flores brotan por doquier.

Así es la vida también. Para llegar a la Tierra Prometida, a ese momento de TRANSFORMACIÓN y PLENITUD, pasarás por muchos inviernos en los que tendrás que saltar todos los obstáculos que se te presenten. **Te parecerá estar en una gincana en la que, tras cada prueba superada, recibirás nuevas pistas para pasar al siguiente nivel.**

Te sentirás "arropada" por el manto de flores, que de ti misma emana, y volarás libre y en paz.

Como Afrodita, le darás alas a tu poder transformador y serás pura INSPIRACIÓN.

Para llegar a ello, obtén CLARIDAD en tu visión, mantente CENTRADA y FOCALIZADA, al tiempo que desarrollas la EMPATÍA y la COMPASIÓN.

Afrodita lo hace en *su cualidad de conciencia propia*; porque, **todos somos UNO**, ¿recuerdas? Lo que emana de ti afecta a los que te rodean.

¿Por qué te cuento esto?

Porque, a veces, puedes cometer el error de estar tan ensimismada, que no te des cuenta del daño que puedes producir a otros. Vivir el aquí y ahora está muy bien, siempre y cuando seas consciente del hecho de vivir en comunidad.

Y no sólo eso, **las decisiones que tomes hoy de manera inconsciente, pueden afectar a tu futuro mañana.**

¿Te has embelesado con la belleza de algo que no podías pagar, y aun así lo has hecho pensando que ya lo pagarías? ¿Has dejado "tirado" a alguien alguna vez sin pensar en lo que esa persona podría sentir, no por maldad, sino porque estás tan en ti que no ves más allá?

Todo esto, hecho de forma continuada, mermará la confianza que los demás te tienen y tu castillo de naipes se derrumbará.

Tomar conciencia de todo ello, hará que vivas el momento PRESENTE con RESPONSABILIDAD auténtico AMOR, AGRADECIMIENTO y RESPETO hacia los demás.

"El respeto que le das a los demás, es un claro reflejo del respeto que te das a ti mismo".

Buda

¿Conoces a Esopo?

Se cree nació hacia el año seiscientos antes de Cristo, en Grecia, y se dedicaba a escribir y relatar fábulas. Era fabulista. Si has tenido la oportunidad de leer alguna de ellas, te habrás dado cuenta de la gran sabiduría que encierran, ¿verdad?

Me gustaría compartir contigo una que leí hace tiempo: tiene que ver con la RECIPROCIDAD Y EL AGRADECIMIENTO, pero antes voy a remitirte por segunda vez a **Velázquez**, a su cuadro *Esopo*, actualmente en el Museo del Prado.

Lo representa austero, con un libro en la mano símbolo de CONOCIMIENTO y SABIDURÍA, desapegado de lo material, con aparente SERENIDAD y CONFIANZA en sí mismo. De mirada penetrante y una cierta gracilidad, que le confiere el haber hecho en la vida aquello que quería hacer, y alcanzar su LIBERTAD. En algunos escritos sobre su vida se dice fue esclavo y gracias a su inteligencia y sabiduría, pudo romper las cadenas y ser libre.

Esta obra la pintó Velázquez para el pabellón de caza "La Torre de la Parada", donde más tarde fue a parar la serie de **Rubens** dedicada a *Las Metamorfosis de Ovidio*, uno de los libros en los que está basado *El Nacimiento de Venus*. ¿Casualidad? **Creo en la CAUSALIDAD**.

Ahora sí, voy a contarte la fábula del León y el Ratón:

"Tras un largo día de caza, un león se echó a dormir la siesta bajo un árbol. Cuando se estaba quedando dormido, unos ratones salieron de su madriguera y se pusieron a jugar a su alrededor. El más travieso se escondió entre la melena del león, con tan mala suerte que lo despertó. Malhumorado por haber visto interrumpido su descanso, el león atrapó al ratón entre sus garras y le preguntó: ¿Cómo te atreves a perturbar mi sueño? ¡Voy a comerte para que aprendas la lección!

El ratón estaba tan asustado que no podía moverse, aun así, le dijo temblando: Por favor no me mates, león. No quería molestarte. Si me dejas te estaré eternamente agradecido. Déjame marchar, puede que algún día me necesites. El león se echó a reír, ¡cómo un ser tan diminuto como un ratón iba a poder ayudarle! El ratón siguió insistiendo, hasta que el león, conmovido por su tamaño y su valentía, le dejó marchar. Días después, mientras el ratón paseaba por el bosque, oyó unos rugidos que hacían temblar las hojas de los árboles. Corrió hacia el lugar de donde provenía el sonido, y allí estaba el león, había quedado atrapado en una red. Era el momento de mostrar su agradecimiento, así que le dijo: Tranquilo, te salvaré. El león le contestó: ¿cómo piensas hacerlo con lo pequeño que eres, es mucho esfuerzo para ti? El ratón comenzó a roer la cuerda y el león pudo salvarse. Entonces el ratón le dijo: Días atrás te burlaste de mí pensando que nada podría hacer por ti en agradecimiento. Ahora es bueno que sepas que los pequeños ratones somos agradecidos y cumplidos. El león no tuvo palabras suficientes para darle las gracias y fueron amigos para siempre".

Como todas las fábulas, ésta también tiene su moraleja: El valor, la VALENTÍA, tienen su recompensa. **Todos**

tenemos TALENTOS que, por pequeños que nos parezcan pueden ayudar a otros, o ayudarte a ti en algún momento.

Las apariencias son engañosas, no te dejes llevar por la imagen del espejo, por tus juicios de valor o creencias.

DA sin esperar nada a cambio, la bondad siempre es recompensada. –El león no creía que el ratón pudiera ayudarle, lo subestimaba. Aun así, lo dejó libre-.

Como dice el refrán: *"Haz el bien y no mires con quién"*.

Ya sabes, la EMPATÍA, el AGRADECIMIENTO, la VALENTÍA y la COMPASIÓN, desatan la principal cualidad de Afrodita, su PODER CREADOR generador de BELLEZA y VIDA. **Es la FUERZA para el CAMBIO**.

Todo artista, hombre o mujer, lleva dentro de sí una parte de esta diosa.

Hablarte de todas es algo que me encantaría, y probablemente en algún momento lo haga, pero hoy prefiero centrarme en una que me gusta especialmente, **HELEN FRANKENTHALER.**

Nace en Nueva York en 1928, y se la considera una de las artistas de más relevancia dentro del panorama artístico del momento.

"Uno debe saber cómo aprovecharse de los accidentes, cómo reconocerlos, cómo controlarlos, y debe encontrar modos de eliminarlos para que toda la superficie aparezca como nacida a la misma vez".

Hellen Frankenthaler

Esto dijo en una entrevista que le hicieron en el año 1994.

Y lo dijo con razón de ser, pues fue una de las artistas de más relevancia dentro del arte contemporáneo por la aportación de la *Stain Painting*, un técnica revolucionaria y fundamental para el desarrollo del expresionismo abstracto. Siendo éste uno de los movimientos más importantes que surgen en Estados Unidos tras la Segunda Guerra Mundial.

Algo parecido al *Stain Painting* empezó a usar Miró en los años 20. Ella lo perfeccionó.

Helen Frankenthaler recibió influencias de dos de sus máximos representantes: Pollock y De Kooning, pero **pronto buscó su propio camino en vías de una forma de expresión más delicada, dotada de armonía y fluidez.**

Gracias a esta técnica consigue un efecto de **inmediatez**, casi de acuarela. Utiliza el óleo muy diluido en trementina, de forma que el lienzo sin preparar se empapa, y permite que éste absorba la pintura.

Al principio se servía de pinceles para distribuir la mancha; más adelante prescindirá de ellos, para **dejar que la pintura se distribuya con total libertad en busca de un lenguaje poético en el que la obra parezca estar "viva".**

Las manchas resultantes, se unen al soporte dando la sensación de movimiento continuo. No es un movimiento enérgico como el de Pollock, sino sereno, equilibrado, como si te mecieras en una barca, o estuvieras subida en la concha de Venus, mientras avanzas soplada por el viento.

De alguna manera te invita a entrar en el cuadro, a sumergirte y deslizarte por él, te muestra su alma con total transparencia.

La mano de Afrodita la guía para que pueda seguir su

instinto, generando vida y belleza.

La primera obra que realiza con esta técnica es *Montañas y Mar*, contaba con veintitrés años.

"Cuando alguien se inspira en algo bueno, la música nace con fluidez, las melodías brotan; realmente esto es una gran satisfacción"

Franz Schubert

Fluidez, qué bella palabra, ¿verdad?

Cuando fluyes te dejas llevar, confías y disfrutas del camino, del momento presente, experimentas un verdadero placer y armonía, poniendo orden en el caos.

Para que esto ocurra ES NECESARIO DEJAR IR. UN PENSAMIENTO, UNA IDEA, UNA PERSONA A LA TE AFERRAS, PUEDE HACER QUE TE PARALICES, FORMANDO UN MURO ENTRE TÚ, Y TU PODER CREADOR. Un muro que a veces puede ser tan grande como la Gran Muralla China.

Todo aquello a lo que te aferras, se resiste y todo lo que se resiste, persiste. De igual forma, aquello que aceptas y dejas ir, te transforma.

Me gusta imaginar a esta artista en su estudio, con música de fondo y los lienzos por el suelo. Tengo una visión de ella **danzando junto a su cuadro, moviéndose guiada por su intuición, balanceándose en torno a su obra,** atravesándola con sus manos al tiempo que va dejando caer la pintura, extendiéndola, sorteando los obstáculos, hasta llegar al efecto deseado.

Su obra parece haber surgido de manera espontánea y puede que en parte sí, pero no todo. Sabe cuándo ha de parar la mancha, qué efecto conseguirá cuando se funda con otra, qué estela dejará y dónde.

Ahí radica la **magia** de su obra. Cuando lo consigue, lo hace en "un aquí no ha pasado nada".

¿Recuerdas algún momento en tu vida en el que lograras algo muy importante para ti, algún reto que te marcaras, y lo consiguieras después de un tiempo? ¿Recuerdas cómo te sentiste? Feliz. Y no solo eso, sino que parecía lo hubieras hecho sin esfuerzo.

Allí donde está presente **Afrodita** hay creatividad, los sentidos se agudizan, y eres capaz de intuir, ver y oír las señales que te llegan a través de muchos canales. (*)

Te haces uno con aquello a lo que estás dando vida, te complementas, y bailas al unísono siendo una gran fuente de inspiración.

Te TRANSFORMAS.

EL MUNDO POR MONTERA

8
LA GRAN DIOSA

Llamada también, entre otros, Astarté o Ishtar fue, según la mitología, venerada *como la fuerza femenina conectada con la naturaleza y la fertilidad, responsable de la creación y la destrucción de la vida.* (*)

Antes de la llegada de las religiones patriarcales se la consideraba inmortal y omnipotente. Tras ésto, se dividió en las distintas diosas, repartiendo sus atributos y cualidades entre ellas.

Hay una Gran Diosa latiendo con fuerza dentro de ti. Despertarla, es tu deber para con la humanidad.

Hacerlo, te dará la oportunidad de abrir con CONFIANZA tus brazos, para recibir todas las bendiciones que el Universo te tiene reservadas.

La VALENTÍA y el CORAJE que emana de esta diosa, te da la fuerza para seguir el camino trazado, superar adversidades; así como los límites de tu mente, y tu cuerpo para llegar a tu destino.

Puedes invocarla en su totalidad, o hacerlo poco a poco, "llamando a la puerta" de las otras diosas en las que se fragmentó. De esta manera, puedes usar cada una de sus **capacidades positivas** en función de tus necesidades en un momento concreto. Según aquello que quieres lograr, o superar.

De **Artemisa,** recibirás su PERSEVERANCIA, CLARIDAD Y ENFOQUE, su conexión con la NATURALEZA

De **Atenea**, la estratega: PREVISIÓN, PLANIFICACIÓN Y PACIENCIA.

Hestia te regalará: INTUICIÓN, INTEGRIDAD, PERCEPCIÓN y ENFOQUE INTERNO.

Hera se pondrá a tu disposición con COMPROMISO, INTEGRIDAD y RESPONSABILIDAD.

Deméter: GENEROSIDAD, su inmensa capacidad de DAR, ALTRUISMO y LEALTAD

De **Perséfone**: JUVENTUD y VITALIDAD.

Y de **Afrodita**: su PODER CREADOR, GENERADOR DE VIDA y AMOR INCONDICIONAL.

Fomentar todas estas cualidades, todos estos VALORES, harán tu transitar por el desierto más fácil, te ayudará a tomar decisiones más rápidas y acertadas, además de afrontar las caídas con la ALEGRÍA y ESPERANZA necesarias para levantarte otra vez, y continuar.

Todo desengaño lo verás como una oportunidad de CRECIMIENTO y APRENDIZAJE, un REGALO que te da el Universo para superarte, y elevarte al siguiente nivel. Recíbelo con AGRADECIMIENTO y HUMILDAD, subirá tu ENERGÍA y podrás FLUIR. Proyectarás LUZ por todos los poros de tu piel.

"La capacidad emocional es un motor vacío, y los valores son el combustible con el que la mente lo llena. Si eliges una mezcla de contradicciones, se obstruirá el motor, se corroerá la transmisión, y te hará naufragar en tu primer intento por movilizarte en una máquina que tú, el conductor, has corrompido. Si colocas a lo irracional como medida de valor y a lo imposible como concepto del bien, si aspiras a recompensas que no has ganado, a una fortuna, o un amor que no mereces, a encontrar un atajo a la ley de causalidad, a que una A se convierta en no-A por tu mero capricho, si deseas el opuesto a la existencia, precisamente eso es lo que tendrás. Y cuando lo alcances, no digas que la vida es frustración y que la felicidad es imposible para el hombre; verifica tu combustible: es el que te ha llevado adonde quisiste ir".

Ayn Rand

¡Verifica tu combustible!

Hazlo, porque sólo VAS A LOGRAR AQUELLO QUE ERES.

¿Puedo pedirte un favor?

Practica la GRATITUD, te he hablado mucho de ella a lo largo de este libro y de *Tu lienzo en blanco* y, a riesgo de parecer pesada, me gustaría hacerlo otra vez.

Da las GRACIAS por todo lo que te sucede, sea bueno o menos bueno, todos los días de tu vida. Cuando te sientas bloqueada, cuando te sientas encerrada en ti misma, y notes que las ideas dejan de fluir, y algo te quema por dentro, ponte de pie y respira.

Extiende tus brazos al máximo, eleva tus ojos cerrados hacia arriba, y expande tu pecho al tiempo que haces una gran inspiración. En ese momento di GRACIAS, repítelo cuantas veces sea necesario hasta que alcances la serenidad, y vuelvas a conectar con tu voz interior.

A lo largo de la escritura de este libro he tenido que hacerlo muchas veces. Ha habido momentos de mucha tensión y muchas intenciones de sabotearme. Han ido apareciendo piedras de todos los tamaños y colores.

De todas y cada una de ellas he aprendido una valiosa lección.

Había momentos en los que la queja se apoderaba de mí, entraba en actitud de víctima, y cerraba mucho más los canales de comunicación con Dios, mi Alma, el Universo.

Cuando esto ocurre, el embudo se estrecha y sientes cada vez más lejos el oasis, lo ves como una alucinación que desaparece ante tus ojos, cuando intentas alcanzarlo.

¡DESPIERTA, te estás cayendo!

¿Oyes esa voz? Eres tú, es tu Alma hablándote.

Más de una vez la he oído en estos días, y todas la he seguido, es por eso que he llegado hasta aquí, y puedes tener este libro entre tus manos.

GRACIAS GRACIAS GRACIAS

Para ello, he mantenido largas charlas con mi Ego; nos hemos sentado tranquilamente, una junto al otro, con una taza de té en la mano. A veces en el sofá, otras veces en la cama, otras en una cafetería, o un parque. Largas conversaciones en las que al final hemos llegado a acuerdos beneficiosos para ambas partes.

Ego: "Estoy aquí para ayudarte" Yo: "Lo entiendo, pero

me estás haciendo daño". Ego: "Perdona, es imprescindible que lo haga, tienes cosas que aprender si quieres avanzar", Yo: "¿Es necesario? No estoy segura de querer seguir por ahí, todo me duele". Ego: "Sí, lo es, sólo escucha", Yo: "Creo no puedo más". Ego: "Sí puedes, escucha". Yo: "Bien, cuéntame que has venido a decirme". Ego: "Suelta y sigue adelante, cambia el foco, y por favor, **AGRADECE**". Yo: "Gracias, me pongo a ello, pero antes, déjame que te abrace".

Cuando aparece, y te enfadas, entras en la queja, en la crítica, o empiezas a sentirte pequeña o demasiado grande, puedes caer en la tentación de enojarte aún más. Puedes querer que el ego desaparezca y te deje en paz; y no solo eso, sino que también puedes querer sacar "el látigo", y castigarte por haberte enfadado.

Esto no te llevará a ningún lado, más que a bajar tu energía y vibración, perdiendo la serenidad. El ego "ha asomado la patita por debajo de la puerta", para ayudarte.

Abrázalo.

Al abrazar a tu ego y aceptarlo, lo liberas, y tu Alma puede volver a navegar.

Dar las Gracias de corazón, de forma continuada, disolverá todos tus temores y bloqueos internos. Gracias a ello, la sensación de soledad se disipa, te sientes más libre, segura, merecedora de materializar tus sueños, y la opresión en el pecho, desaparece.

"La gratitud es la puerta que abre la puerta al poder de la sabiduría, de la creatividad y del Universo".

Deepak Chopra

En una ocasión le pregunté a una buena amiga y además artista, quién era para ella la Gran Diosa del arte. Me contestó sin pestañear: **ARTEMISIA GENTILESCHI.**

No estoy segura de si goza de todas las cualidades de la Gran Diosa, pero de lo que estoy segura es que de unas cuantas sí.

Nace en Roma en 1593. Fue una artista adelantada a su tiempo, innovadora. De su época, es de las pocas que perduran porque consiguió ser conocida y reconocida y porque, a veces, su obra se confunde con la de su padre, **Orazio Gentileschi**, también pintor. Se cree que muchos de los cuadros de Orazio podrían ser de Artemisia.

Se forma en el taller familiar, como era habitual en la época si una mujer quería dedicarse al arte, y pronto empieza a despuntar por encima de sus hermanos.

Es posible que, al querer preservar la obra de su padre, se haya preservado también la suya; sea como fuere tenemos la suerte de disfrutarla. Algún día se hará un estudio más pormenorizado que nos permitirá saber quién es quién.

Estuvo influenciada por **Caravaggio**, de quien toma los violentos escorzos, el dramatismo y el claroscuro. El espectador se ve arrastrado casi literalmente al centro del cuadro donde tiene lugar la escena; sin quererlo, pasa a ser protagonista.

Una obra reivindicativa, mediante la cual no duda en manifestar su desacuerdo con la sociedad en la que vivía, y el trato vejatorio a las mujeres.

Fue una mujer valiente y fuerte, con el **propósito firme de dedicarse a lo que le gustaba y además, llevarlo a lo más alto del momento.**

Las normas por las que se regía la sociedad en esa época, no fueron impedimento para lograr lo que quería. **Se puso el mundo por montera y tuvo un gran éxito**.

Se movía con soltura en los círculos aristocráticos y trabó amistad con importantes mecenas, además de ser una de las primeras mujeres que entraron en la Academia de Arte de Florencia.

"Si no te puedes arriesgar, no vas a crecer. Si no vas a crecer no podrás llegar a ser tu mejor versión. Si no puedes llegar a ser tu mejor versión, entonces no vas a ser quien has venido a ser. Si no eres quien deberías ser jamás serás feliz. Y si no puedes ser feliz, ¿entonces qué más te queda?".

Less Brown.

Es la primera mujer que se atreve a romper las murallas entre la vida social y personal. **Consigue saltar las barreras de su mente, y con ello abre las puertas** para que las mujeres, artistas o no, empiecen a ser "visibles" en todos los ámbitos de la vida.

Tuvo una existencia fascinante no exenta de dificultades, algunas importantes.

Cuando era joven sufrió abusos, fue violada. Podría haberse escondido, pero no lo hizo, lo puso en manos de las autoridades y este señor fue condenado. A una pena mínima, eso sí, y no antes de haber tenido que "demostrar" que el hecho en cuestión había tenido lugar. Tenía que probar tanto su inocencia como su violación.

Este suceso la hace más fuerte, y se empieza a reflejar en su pintura.

La forma que tiene de representar la figura femenina, dista mucho de cómo solían hacerlo los hombres artistas.

En sus cuadros, **la mujer deja de ser un objeto para la contemplación, empieza a tomar acción**. Deja de representarse como un ser provocador y sumiso que incita a la perversión, para hacerlo capaz de defenderse, en caso de ser necesario. La mujer ya no es esa persona delicada que precisa de la mano del hombre para sobrevivir.

Este es el mensaje que **Artemisia**, rompiendo todo lo establecido en la época, pone de manifiesto.

De alguna manera, de ella, como de la Gran Diosa, salen todas las demás mujeres, artistas o no, que han venido para cumplir su sueño. Sirve como ejemplo de **superación**, de **resiliencia**, **constancia** y **valor**.

Si bien es cierto que la venganza, parte negativa de la Gran Diosa, es destructiva, quizá fue la única manera que tuvo en su época para salir a la Luz, y mostrar su Esencia, su Alma, al fin y al cabo.

Se venga a través de su pintura, la canaliza a través del Arte.

Hoy día, el ser humano ha evolucionado, la venganza ya no es un medio apto para conseguir un fin. La puedes usar, pero es seguro que volverá a ti multiplicada. Al vengarte, permaneces anclada al hecho que te produjo ese dolor.

¿Es eso lo que quieres?

Suelta.

Una de las primeras obras a la que se le atribuyó la autoría de Artemisia es *Susana y los viejos*. En ella, Susana se representa asustada, rechazando las miradas y acoso de los viejos que tienen lugar mientras ella está tomando un baño; una forma muy diferente a como se solía plasmar: sumisa y coqueta ante las miradas.

¿Es ésta una forma de escenificar cómo se sintió cuando la violaron? Es posible. Uno de los viejos, se lleva el dedo a los labios indicándole silencio. Calla Susana, calla…**Artemisia** no calló, habló y muy alto.

En definitiva, has venido a este mundo para ser feliz, ver materializados tus sueños, y compartirlos con los demás a través de los talentos que el universo te ha prestado.

Todo lo que te ocurre es por alguna razón, y esta suele ser para darte el empuje y la fuerza necesaria para continuar. No la uses como excusa para pararte,

ÚSALA PARA ELEVARTE.

Artemisia pasó por momentos de mucho dolor y confusión, de sentirse incomprendida y juzgada.

¿Se planteó tirar la toalla alguna vez?

No lo sabemos, lo que sí sabemos es que, pensara lo que pensara, no se rindió. **Fue perseverante en su empeño, y alzó el vuelo como la gran diosa que había en ella.**

Se hizo escuchar.

En el siglo XVII y hasta hace muy poco, la pintura era uno de los mejores medios de comunicación que había. **A través de ella se expresaban sentimientos y emociones profundas**. Artemisia lo hizo de forma magistral.

ERES VALIOSA, SAL AHÍ FUERA Y HAZTE OIR.

GRACIAS

FELIZ AQUÍ Y AHORA

Quieres ver materializados tus sueños lo más rápido posible, ¿verdad?

Has invocado a todas las diosas, tienes tus valores afianzados, unas raíces sólidas, te mueves como el bambú lo hace al son del viento, te mueves con paso firme y vas sorteando todas las piedras del camino.

¡Enhorabuena! Te felicito, eres valiente.

¿Lo estás celebrando? Espero que sí. Tu mente entenderá que el esfuerzo tiene su recompensa, te animará a llevar a cabo el siguiente reto, y dar el siguiente paso.

Estás feliz, lo has conseguido.

La felicidad es un estado de ánimo. Para mantenerte en él la mayor parte de tu vida, y no solo en momentos puntuales, es necesario celebres todo aquello que te ocurre. Ser feliz en el momento presente, independientemente de si lo que está aconteciendo es bueno, o menos bueno.

Cuando te sientes dichosa, vibras con la frecuencia de tu deseo y lo atraes con mucha más facilidad. **El Universo entiende que es así como te quieres sentir, te va poniendo delante en la lista de pedidos, y lo encarga a cocina como plato principal. Incluso puede que te traiga tu postre preferido también.**

Sin darte cuenta estarás atrayendo cada vez más de aquello en lo que estás vibrando.

La vida, en esta experiencia material, pasa rápido. Disfruta del momento presente, de cada bocanada de aire que entra en tus pulmones, de cada paso que das. No hay nada menos bueno que llegar a una edad y preguntarte por qué no viviste. Aprovecha tu día al máximo.

Es posible que al principio te cueste sonreír, sentirte alegre…

Hazlo de todos modos, fuerza la sonrisa si es necesario, pero hazlo. Engáñate hasta que se haga realidad, y esa forma de estar, ser y sentir pase a formar parte de ti.

"No esperes a que tu vida pase para recordarla con nostalgia. El momento presente es especial, es único y no se volverá a repetir. Mientras esperas a que el Universo se recoloque para poder traerte lo que tú quieres, toma acción y se feliz. Cuando menos te lo esperes aquello que deseas aparecerá delante de ti."

Laín García Calvo

Te programaron para sentirte contenta en los momentos agradables, lo que no te contaron es que esos momentos eres tú, y solo tú, quien los crea.

LAS CIRCUNSTANCIAS QUE LLEGAN A TU VIDA SON UN REFLEJO DE CÓMO TE SIENTES POR DENTRO; CUANTO MEJOR TE SIENTAS, MEJORES SERÁN ESAS CIRCUNSTANCIAS.

Puede ocurrirte algo poco grato en tu vida o en la de algún ser querido; un despido, una ruptura, una enfermedad, tantas y tantas cosas…

La clave está en dónde centras tu atención. ¿Lo estás haciendo en el problema adoptando el papel de víctima, o en la solución, haciéndote responsable, aceptando la situación y celebrando aquello que ha venido a enseñarte?

SER FELIZ en esos momentos no significa "alegrarte" por eso que está ocurriendo, **sino abrazarlos desde el amor, dejar de resistirte a ellos y enfocar tu mirada hacia dentro,** hacia el fondo de tu alma para encontrar la respuesta, lo qué te quiere decir.

Poco a poco irás sintiendo bien-estar, y volverás a conectar con la felicidad. Cuanto más lo practiques, mayores serán estos momentos de conexión, y maravillosas bendiciones empezarán a entrar en tu vida. Tu cantimplora se irá llenando y podrás saciar tu sed con más frecuencia, dándote fuerza para seguir caminando, y alcanzar el paraíso.

En ese camino hacia la felicidad, en el que lograrás hacer lo que amas contribuyendo con la humanidad, hay varias cosas que puedes hacer para sentirte mejor, elevar tu vibración y mantener la conexión contigo misma y la Madre Tierra.

Algunas te las he ido "dibujando" a lo largo de este libro, pero hay muchas más. En el siguiente capítulo te las resumo para que puedas tenerlas a mano cada vez que las necesites.

Un abrazo. Te Amo.

Gracias Gracias Gracias.

PINCELADAS DE FELICIDAD

Madruga. Intenta levantarte una hora antes, verás como el día parece más largo y se aprovecha mucho más. Para mí fue un descubrimiento que me aporta grandes dosis de energía y vitalidad.

Duerme lo suficiente. Te estás levantando una hora antes, procura acostarte una hora antes también. Es en el sueño cuando nuestro cuerpo, y nuestra mente, se resetean y se vuelven a cargar. Descansa.

Medita: Unos momentos de silencio para ti, para escuchar a tu alma y serenar tu mente. Puedes empezar por diez minutos e ir aumentando. Hay muchas formas de meditación, elige la que mejor se adapte a ti.

Agradece: ¿Qué te puedo decir que no te haya dicho ya? Es importante agradecer todo el tiempo, sobre todo por la mañana cuando te levantes, y por la noche antes de acostarte. Ten una libreta a mano y escribe al menos cinco agradecimientos en esos dos momentos del día.

Haz ejercicio: Si no te gusta demasiado puedes disfrutar de una buena caminata cada día. Es uno de los ejercicios más saludables, podrás sentir la brisa en la cara y, si quieres, meditar al mismo tiempo.

Estírate: Brazos, piernas, tronco, todo tu cuerpo; ayudará a estirar tu mente también. Los canales se abrirán, y la energía pasará con fluidez.

Mantén el contacto con la naturaleza: Es tan importante... Puedes escaparte a un parque si no vives cerca de ella. Abrazar árboles es una práctica maravillosa que te recomiendo.

Mantén la comunicación con tus personas queridas. Celebra con ellas todos los momentos de tu vida.

Practica la empatía y la compasión por los demás: Ponte en los zapatos del otro, cada uno está atravesando su propio desierto.

Olvídate de la televisión: Atonta y va introduciendo en ti información que lejos de acercarte, te aparta cada día un poco más de tu sueño. En lugar de eso:

Lee: Hazlo con avidez, casi todo lo que puedes aprender está en los libros. Escoge bien.

Rodéate de personas que sumen: Personas que estén alineadas con tu forma de sentir, vivir y actuar, o con la persona que quieres llegar a ser. Aprende de ellas. Di adiós a aquellas que bajen tu energía. ¡La necesitas!

Come alimentos saludables: Es tu gasolina, cuanto más frescos y naturales sean, mejor será tu energía y llegarás más lejos.

Aprende a decir NO: Aprende a decir SÍ cuando quieres decir SÍ y NO, cuando quieres decir NO. Tan importante es lo uno como lo otro.

Planifica: Al final del día, escribe tu plan para el día siguiente. Te estresarás menos y sabrás donde va cada cosa.

Tira, regala, dona: Todo aquello que ya no uses, esa ropa que lleva tanto tiempo en tu armario, esos papeles acumulados que no sirven para nada. Haz hueco para todo lo nuevo que está entrando.

Ámate: Trátate bien, cuídate y háblate con amabilidad. Eres tu bien más preciado.

Mímate: Dedica unas horas a la semana para ti. ¿Te gustan los masajes? Date uno. ¿Quieres ir a un museo? Ve. Unas horas sólo y exclusivamente para ti.

Perdona: A ti mismo y a los demás. Puedes escribir una carta a alguien a quien necesites perdonar, no hace falta que la envíes, es para ti. Verás como al ponerlo en un papel, el problema se hace más pequeño y puedes practicar el perdón con más facilidad.

Ayuda: DA todo lo que puedas, siempre que puedas. No hay felicidad mayor que la que sientes cuando ayudas a los demás. Estás al servicio de la humanidad. Pero recuerda, DAR, implica también tenerte en cuenta. Eres un Ser maravilloso, uno con el Universo. Ámate de forma incondicional. Aprenderás a Amar a los demás y a DAR sin esperar nada a cambio.

Y, por último,

Saca a tu niño interior: Sobre esto trata el tercer libro de la trilogía. Ahí te daré muchas pautas para reconciliarte con él y poder trabajar al unísono. Algo te he hablado ya, de su importancia, de la vitalidad que reportará a tu vida…Nos vemos en *Tu obra dorada*, mientras tanto, juega con él, sácalo a pasear, pregúntale qué le apetece hacer, ¡verás lo que sucede!

"El amor es la cura milagrosa. Amarnos a nosotras mismas obra milagros"

Louise Hay

EL ALMA DE LA ARTISTA

Este capítulo lo quiero dedicar a poner **Voz** a mujeres asombrosas, todas ellas artistas y creativas que, de una u otra forma, son y están cercanas a mí.

Mujeres que han logrado cumplir sus sueños, o están camino de hacerlo; que han podido y querido, ponerlos al servicio de todos nosotros, de la humanidad.

Agradecerles de corazón, se hayan apuntado a la aventura con tanta generosidad, entrega y colaboración.

Te cuento un poco cómo fue invitarlas a bordo.

Cuando la idea entró en mi mente, pensé: "¿Y si me dicen que no? Estuve un par de días dándole vueltas para evitar ese posible NO, para evitar el rechazo.

¿Lo recuerdas?

A veces dejas de hacer cosas por miedo a una negativa, a que no te acepten. ¡Cuántas ideas se han quedado en eso, en ideas, por miedo!

Al final, me dije a mí misma: "El No ya lo tienes, así que nada tienes que perder. MªJosé, ¡HAZLO, Y HAZLO YA!"

Y lo hice, me puse en contacto con ellas:

"¡Hola! ¿Cómo estás? Estoy escribiendo una trilogía. El primer libro sale en breve; el segundo *ESTÁ EN TI, LLÁMALA*, va dirigido, sobre todo, a mujeres artistas y creativas. Me centro sobre todo en cómo, una vez descubrieron lo que querían hacer, superaron todos los obstáculos que encontraron a su paso, y aun así siguieron adelante.

La idea es la siguiente: Me encantaría, y para mí sería un verdadero honor, que participases contando tu experiencia en esa dirección, ¿qué te parece? ¿Te animas a subir a bordo…?"

¿Sabes qué contestaron?: **"Sí, ¿qué tengo que hacer?".**

¿Imaginas que hubiera pasado en caso de quedarme encerrada en el miedo? Eso es, NADA**. Una vez más la motivación venció al miedo**, y ¡no puedo estar más FELIZ de contar con todas ellas!

¿Quieres vencerlo tú?

¡A qué esperas!

Les propuse enviarles un guion con una serie de preguntas, y les pedí se sintieran libres de contestar como quisieran.

¡Aquí lo tienes!

- ¿Has sabido siempre que eras artista –o creativa- (considero que artista se es en esencia), y querías dedicarte a ello y lograr tu sueño

- Una vez lo decides, ¿tuviste dificultades para abrirte paso? ¿Qué obstáculos (familiares, económicos, de amistad…lo que quieras poner) te has encontrado, y has superado?

- ¿Consideras te ha resultado más complicado por ser mujer, o no ha sido ese tu caso?

- ¿Te has o te han boicoteado alguna vez para que desistas, y has pensado en "tirar la toalla" en algún momento? ¿Qué te has dicho para seguir adelante?

- ¿Qué es para ti el arte? ¿Qué te aporta como ser humano? ¿Qué quieres aportar tú a los demás a través de él?

- ¿Qué sientes cuando estás inmersa en tu proceso creativo, te conectas y todo fluye?

Y así lo hicieron, pusieron su ALMA y su CORAZÓN, y aquí está el resultado.

¿Quiénes son? Te lo cuento.

MARINA GADEA, LOUISA HOLECZ, PALOMA PALENCIA, MARIANA SANZ, MARTA DE LA ROCHA, MAR SOLÍS BARRADO, ESTEFANÍA MARTÍN, VIRGINIA HERNÁNDEZ, ELENA CALONJE, ADELA AGUILERA, VICTORIA FERNÁNDEZ LÓPEZ-REY Y CRISTINA MOROÑO.

Aquí me hago a un lado.

ELLAS SON LAS QUE HABLAN.

De corazón,

GRACIAS GRACIAS GRACIAS

¡¡COMENZAMOS!!

MARINA GADEA

« **S**I LA CIENCIA **ES UNA MANERA DE OBSER-VAR EL MUNDO**, *EL ARTE PARA MI ES UNA MANERA DE EXPLICARLO.*

El arte y la ciencia siempre han sido mutuamente inclusivos para mí. Como artista y científico en ejercicio, mi enfoque del arte incorpora la ciencia a través del uso de técnicas y metodologías creativas e innovadoras. Reinterpreto la ciencia como arte.

Durante mi carrera artística, he trabajado en diversos medios, como pintura, dibujo, medios digitales, vídeo, música, sonido, e instalaciones multimedia.

Mi trabajo esta alimentado por la observación científica de los fenómenos naturales. **Inspirada en la ciencia, la naturaleza, la poesía y los inmensos paisajes**, he tratado de liberar las imágenes de contexto y los objetos de su función para extraer la esencia y rediseñar sus relieves. Una invitación emocionante para volver a explorar el mundo que nos rodea de otra manera.

Mi comprensión personal de la naturaleza se une visualmente a la investigación científica y la imaginación artística.

Informada por una curiosidad para explorar y desentrañar los fenómenos naturales, reconozco de inmediato la visión imaginativa detrás del modelado científico y **capturo los misterios líricos de la naturaleza a través**

del color y los materiales. Una dualidad fluctuante de contrastes -lo espontáneo y lo estudiado, lo inspirador y lo empírico - tipifican mi trabajo.

Una relectura del mundo oceánico contemplada en una perspectiva ontológica y poética.

Para mí pintar es el camino más simple para expresar lo más hondo y rico del ser humano.

Pintar es una necesidad, va ligado a la vida de cada artista y es un continuo diálogo entre la obra y el pintor. El lienzo es el diario del artista, donde cuenta o expresa sus emociones y sentimientos, donde puede llegar a trasponer cualquier idea por abstracta que sea.

Cuando eres capaz de crear algo **que habla desde tu alma y conectar con otros, eso es cuando sucede el arte**. El proceso, dejar de lado cualquier preocupación o temor, y simplemente dejar que fluya.

Creo que en esto consiste también el arte, en observar y volver a observar para encontrarse a uno mismo. Y con cada obra me reencuentro y reinvento en ese mundo mágico que he creado.

Es mi forma de expresarme y transmitir un **mensaje** al mundo: FUERZA, VIDA, CAPACIDAD, SENSIBILIDAD, COMPRENSIÓN, AMOR, BELLEZA y RESPETO.

Como defensora de los océanos, he estado contando historias sobre el agua toda mi vida, pero de lo que estoy más orgullosa es de ser embajadora creativa internacional de la **Organización *Blue Mind***. Con mis obras intento subrayar nuestra responsabilidad de tratarnos con más amabilidad y de preservar y apreciar el punto azul pálido que es la tierra, la única casa que hemos conocido.

Esa es nuestra casa. Esos somos nosotros. En él, todos

los que amas, todos los que conoces, todos los que has oído hablar, cada ser humano que alguna vez fue, vivieron sus vidas.

Con cada pintura intento transmitir que todo lo que hacemos por nuestro planeta es importante, recordar que estamos conectados unos con otros, emocional y biológicamente. EL MAR NOS UNE.

Simboliza la profunda conexión entre las personas y este planeta que el astronauta Eugene Cernan describió como: *"La estrella más hermosa del cielo, la más hermosa porque es la que entendemos y la conocemos, es el hogar, la gente, la familia, el amor, la vida, y además de eso, es hermosa"»*.

¡GRACIAS, MARINA!

@marina.gadea

MARTA DE LA ROCHA

«**N**ací con un lápiz en la mano, desde que tengo uso de razón he dibujado.**

Mis obsesiones eran los retratos, diseños de moda y fondos marinos. Me encanta el mar, dibujar tiburones.

Me dio miedo empezar Bellas Artes y me matriculé en Diseño de Moda, posteriormente y después de haber trabajado en el mundo de la moda, **decidí dejarlo todo por el arte** y me matriculé en la Universidad Complutense para estudiar aquello que realmente quería, y me había dado miedo empezar, Bellas Artes.

Fueron los mejores años de mi vida. **El arte es mi pasión y mi vida**. Me dediqué a la enseñanza al terminar y compagino la docencia con mi propia creación. Por avatares del destino volví a la moda también y en la actualidad imparto clases de dibujo en IADE, dónde estudié moda y además coordino el departamento.

Qué más puedo pedir... arte, moda, feminismo y docencia forman un círculo mágico...estoy dónde siempre soñé, compartiendo mi experiencia y aprendiendo de mis alumnos. Estoy agradecida pues tengo la vida que deseaba.

Fue mientras estudiaba en la Universidad Complutense

cuando **descubrí el feminismo**. Estaba harta de tener referentes masculinos, y empecé a investigar sobre mujeres artistas.

Fue una revelación, encontrar un lenguaje común, entender los códigos...me sentía identificada con ellas, ¡qué alivio! **Ese era el camino a seguir.** El arte feminista era el punto de partida.

Durante mi experiencia como estudiante no me sentía inferior a mis compañeros, sin embargo, una vez licenciada y en las entrevistas con galeristas notaba cierta displicencia por su parte, aunque bien podría ser porque no les interesaba mi discurso artístico.

Una vez uno de ellos me dijo que una mujer artista no tenía futuro, pues en cuanto se casaba y tenía hijos dejaba de trabajar. No supo cuánto se equivocaba, **no he hecho otra cosa tras acabar la universidad que dedicarme al arte en cuerpo y alma**.

Recuerdo, eso sí, firmar mis trabajos con la inicial de mi nombre y después el apellido, ya que me aconsejaron que era más fácil vender si pensaban que el autor era un hombre.

Hoy por hoy investigo acerca del dibujo de las mujeres en el Instituto de Investigaciones feministas y de género, trabajo como docente, ilustradora, y pintora; **siempre compartiendo, dando y recibiendo mucho**, ya que soy muy afortunada, vivo rodeada de gente buena, de amor, y sobre todo estoy agradecida por tener amigas como tú, María José, que nuestra amistad sí que ha sido un regalo del Universo...».

¡GRACIAS MARTA!

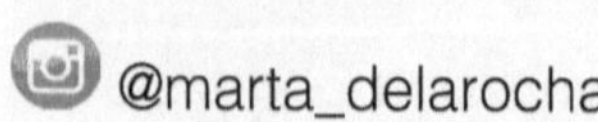 @marta_delarocha

ELENA CALONJE

«**S**iempre me gustó crear cosas y dibujar**. Estudié Bellas Artes con la intención de seguir inventando, creando y dibujando, pero me desvié por un tema practico hacia el diseño y diseño web, aunque seguía dibujando y pintando cuando podía.

Después de estar muchos años trabajando en agencias de publicidad e interactivas, y de hacer un master en marketing me quedé en el paro y estuve varios años trabajando de diseñadora e ilustradora *freelance*.

Con la crisis me entraban cada vez menos trabajos y, como tenía más tiempo para dedicar a la pintura, **descubrí que me hacía más feliz que cualquier otra cosa que hubiera hecho**, así que decir profesionalizarme.

Tuve varios obstáculos. Mi marido quería que buscara un trabajo más convencional y llegamos a un acuerdo por el cual, tenía un año para rentabilizar mi pasión por la pintura.

Así que además de los cuadros abstractos, que es con lo que más disfruto, creé un montón de imágenes más enfocadas a decoración, principalmente en acuarelas.

Conseguí mi objetivo que era empezar a ser rentable en un año, aunque todavía me quedaba mucho trecho por delante, y me sigue quedando...

Otro obstáculo era mi total desconocimiento del funcionamiento del circuito de galerías y de la venta de arte en general ya que me había apartado del circulo artístico por mi carrera profesional.

También, al cambiar de ciudad (estudié en Sevilla), en Madrid no tenía amigos artistas que me pudieran guiar.

Al final **me he movido de forma alternativa a través de redes sociales** hablando directamente con el cliente final y me ha funcionado bastante bien ya que considero que es fundamental la visibilidad de la obra, que sea conocida por cuanta más gente mejor.

Es importante buscar colaboraciones con otros artistas y marcas para conseguir más visibilidad, así como con profesionales y revistas del sector que te interesen".

Elena, no ha encontrado más dificultades por ser mujer, aunque dice: "Supongo que si estuviera en el circuito de galerías quizás sí que encontraría más problemas en este sentido".

Comenta también que sí se ha boicoteado: "Muchas veces, cada nuevo encargo o proyecto diferente que me surgía me hacía sentir muy insegura, convencida de que no lo podría hacer... **pero luego salgo de mi zona de confort, me lanzo y descubro cosas nuevas de mí, y de mi trabajo**".

"Para mí el arte es la expresión del artista por cualquier medio que busca intencionadamente generar sentimientos y emociones en un público.

Creo que las mejores obras de arte producen placer estético o intelectual.

MI INTENCIÓN ES SIEMPRE DEJAR UN SENTIMIENTO POSITIVO, y con mis obras, que den buen rollo, luz y color".

Cuando está inmersa en el proceso creativo: "Desconecto de todo lo que no sean los colores y la composición y efectivamente, **todo fluye**"».

¡GRACIAS ELENA!

 @ecalonje

ESTEFANÍA MARTÍN

Dibujar siempre me fascinó, y un día en el colegio, tercero de la E.G.B. creo recordar, una compañera me dijo si le dejaba mi lápiz, yo le pregunté por qué lo quería, y ella me contestó que la razón era que *ese lápiz era mágico y con él pintaría igual de bien que yo.*

Desde ese momento me di cuenta, por primera vez, que era algo que se me daba realmente bien. **Así pues, aposté por ello"**.

La primera dificultad: "Fue la nota de corte de la carrera en la U.P.V. Era elevadísima ese año, pero gracias a ello, conocí a unas chicas que se estaban preparando para la prueba de acceso de Madrid. Se lo propuse a mis padres y **me fui a Madrid para licenciarme en B.B.A.A."**

"Tras ello ha habido mil obstáculos, desde lo costoso que es la carrera, a pasar a la vida real y enfrentarte con el mundo. Y si a esto le sumas ser mujer la cuesta se hace mucho más dura.

En el 2014 me puse una fecha y me dije: Si no consigo nada, lo dejo. Pues bien, **algo ocurrió porque ahora mismo le dedico el 100% de mi tiempo.**

Aunque también sé que nunca lo hubiera dejado, **el dibujo, la pintura es algo que va en mí, no lo puedo evitar.**

Ser mujer en este mundo es complicado, así que ser

mujer y artista no iba a ser menos. Solo hay que ver las estadísticas. Los porcentajes en cuanto a visibilidad de las mujeres en el arte son vergonzosos. En Arco, la feria más importante de España en 2017 solo hubo un 5% de mujeres artistas españolas. No creo que haya mucho más que añadir".

Comenta Estefanía, que ella misma se ha boicoteado varias veces… "Una misma puede ser su peor enemiga, pero claro, **también puedes ser tu mejor aliada**. También hubo una galerista, me hundió bastante, pero tenía a **una persona muy importante que me dio el empujón para seguir en esto**".

Para ella, el Arte: "**Es una manera de ver la vida, de lo que está pasando a nuestro alrededor y de lo que ocurrió.** En mi caso, mi trabajo es 100% feminista y me gusta investigar sobre nuestra historia. Es importante que el arte sea **una herramienta de inspiración** para las próximas generaciones".

"Los proyectos que llevo realizando los últimos 3 años van todos de la mano. Uno me lleva a otro, y el siguiente tiene que ver con el anterior, e incluso con el primero. Leo e investigo mucho y a partir de ahí se empieza a componer el proyecto. Casi siempre va todo rodado, pero muchas veces se crea un muro y no puedes avanzar. Por eso es bueno tener más de una idea, así puedes seguir con otro y continuar».

¡GRACIAS ESTEFANÍA!

 @martinsaenzestefania

ADELA AGUILERA

«Estudié talla en madera en la Escuela de Artes y Oficios de Málaga. Tras una "larga" estancia fuera de España, el típico periodo de maternidad, y todo lo que ello conlleva, la vida me llevó a desempeñar una profesión que, aunque me gusta, no era lo que en un principio había deseado: **SER ARTISTA**.

Después de un largo periodo alternando varias profesiones y sobreviviendo económicamente de mala manera, comencé a sentir punzadas de dolor intermitentes en ciertas partes del cuerpo; sobre todo en los huesos, antebrazos, fémur, tibia y peroné. También sentía un cansancio que no podía soportar. No podía con mi alma. Estaba todo el día cansada y me levantaba aún más cansada.

Llevaba demasiadas cosas a la vez y pocas eran las que me satisfacían. En los últimos meses después de tres años sufriendo, los dolores se fueron haciendo cada vez más continuos e intensos. Así que **por fin reaccioné y me di cuenta que mi cuerpo me estaba hablando, ¡A GRITOS!**, pero no sabía qué me quería decir. Fui al médico de cabecera y finalmente me diagnosticaron fibromialgia.

Comencé a leer un poco sobre el tema, pero sin querer obsesionarme. Me quedé con un par de cosillas:

Elimina todo lo tóxico que no te haga sentir bien en tu vida, e intenta trabajar en lo que te gusta. Haz deporte y QUIÉRETE (más) a ti misma. O lo que es lo mismo, BUSCA AQUELLO QUE TE HAGA FELIZ Y HAZLO.

Lo que no te guste y no puedas eliminar, aprende a aceptarlo, a vivir con ello recibiéndolo de otra manera, como algo pasajero en tu vida, como un aprendizaje más.

Después de un mes tomando pastillas y quince días de vacaciones, los dolores desaparecieron. **Decidí no tomar más medicamentos**, un mes fue más que suficiente. Todo iba mejorando hasta que tuve un problema con una clienta. Los dolores volvieron a invadir mi cuerpo, esta vez de una manera más pausada, pero seguían ahí. Fue entonces cuando **me cercioré de** que todo lo que me estaba sucediendo era psicosomático y de **que la solución estaba en mí, en mi interior, en cambiar la vida que llevaba.** Esa no era mi vida, así que no tenía que buscar fuera.

Poco a poco fui observándome y eliminando de mi vida, pequeñas cositas que sentía que me molestaban. Me di cuenta que, por lo que sabemos o creemos, vida no hay más que una, esta es la mía y tengo que vivirla a mi manera. **Elegir la gente que me rodea, las actividades que me apetecen hacer y algo muy, pero que muy importante, el trabajo que quiero desempeñar.**

Esta observación me ayudó a ver que me había perdido a mí misma, que había perdido mi ESENCIA, el estar conmigo, **escuchar mi voz interior**. En definitiva, había decidido que tenía que tomar las riendas de mi vida y todo apuntaba que el camino a seguir se dirigía hacia el **Mundo del Arte**, pues sin darme cuenta, me había despistado.

Los comentarios negativos de la sociedad como: "*Uy, vivir del arte es muy difícil*", "*solo viven bien unos pocos*", "*o tienes un padrino o te mueres de hambre*" ... etc., etc..., unidos a la falta de liquidez económica y la falta de confianza en mí misma, hicieron que esta decisión se fuera retrasando. Pero pronto, las señales que la Vida, el Universo, Dios, o como queramos llamarlo me fueron mandando, eran más fuertes que todo eso, y consiguieron que cada vez me convenciera más a mí misma, de que ese **era el camino correcto**.

Una vez tomé la decisión de enfocar mi profesión en el arte, algo **por arte de magia**, comenzó a surgir y por fin los encargos relacionados con ese mundo empezaron a llegar. Esto provocó en mí y en los demás seres que me rodean, una confianza y una sensación que nunca antes había sentido. Así que todo esto me hizo ver, que una de las cosas más importantes para poder tomar las riendas de tu vida, es CREER EN TÍ y tener CONFIANZA EN TÍ MISMA. Todo lo demás vendrá rodado.

Crear arte me está ayudando a exteriorizar sensaciones, pensamientos e ideas que tengo dentro de mí, y que de ninguna otra manera podría sacarlas. **Me está ayudando a superarme, a conocerme mejor a mí misma, a sentirme bien. A querer gritar a voces todo lo que llevo dentro, a transmitir mis emociones para hacerte a ti sentir**.

El arte es un medio de comunicación tan sutil y al mismo tiempo tan poderoso que, cuando te llega, penetra en lo más profundo de tu Ser, te llega al corazón. Y tanto si lo creas tú como si lo recibes como espectador, **el arte enriquece nuestras vidas haciéndonos más felices.**

Hoy en día me gustaría decir GRACIAS, a todas aquellas personas y circunstancias de la vida, que me han hecho llegar hasta aquí, despertar, y hacer posible que consiga realizar mis sueños. Y con esto quiero transmitir que, si yo puedo conseguirlo, tú también puedes hacerlo. Gracias de todo corazón».

¡GRACIAS ADELA!

 @adelaescultora

LOUISA HOLECZ

« **D**esde siempre he sentido la necesidad de comunicarme a través de la expresión visual y sensorial. He sentido un impulso para transmitir lo que no puede expresarse verbalmente, algo que sólo existe en el ámbito de lo visual y de la óptica.

Mis primeros recuerdos son jugando en el jardín mezclando agua y barro, o dibujando con cualquier material que tenía a mano; recuerdo que entraba en un estado extremadamente placentero e intenso de concentración. En ningún momento elegí conscientemente **SER ARTISTA; siempre lo he entendido como una forma de ser, como una parte intrínseca a mí misma.**

Más adelante, cuando le dije a mis padres que quería estudiar Bellas Artes, mi padre me dijo que nunca me ganaría la vida dedicándome al arte. Sin afectarme lo que me dijo, me gradué con premio extraordinario de fin de carrera. Sin embargo, salí de la Escuela de Arte sin absolutamente ninguna idea de cómo conseguir exposiciones o cómo dirigirme a galerías. Convertirme en una exitosa artista en Londres parecía una tarea imposible. **Esto no me impidió seguir creando**, aunque esas obras nunca fueron exhibidas.

Y aunque nunca logré ser una artista reconocida en Londres, estaba decidida a convencer a mi padre de que **yo podría ganarme la vida como artista**. Me especialicé en técnica mixta e instalación en la Escuela de Bellas Artes, pero también aprendí a pintar en gran formato, lo que me llevó a considerar ser muralista comercial.

Al principio me ofrecí a pintar murales gratis hasta que mi portafolio fue lo suficientemente amplio. Comencé a mostrarlo a interioristas y promotores inmobiliarios, **después de dos años tenía tantos encargos que tuve que emplear a tres asistentas**.

Cuando trabajé en Londres nunca me sentí discriminada por el hecho de ser mujer, ni experimenté ningún prejuicio. Al contrario, mis tres compañeras y yo nos sentíamos bienvenidas tanto en la industria de la construcción, cómo en casas particulares.

En el año 2000, me trasladé a Zaragoza por amor. Mi carrera como artista se ralentizó, cuando decidí que mi trabajo como madre de dos hijas requería toda mi energía. Sin embargo, yo continuaba dibujando, pero estas obras tampoco fueron expuestas. Conforme mis hijas se hicieron más mayores, pude dedicar más tiempo al arte. Pensé que los seis años de parón en mi carrera, me habían dado **una madurez emocional y una experiencia de vida, que sería enriquecedora para mi práctica artística.**

Por desgracia, cuando trataba de ponerme en contacto con galerías para exhibir mis obras, **mi modo de pensar no fue compartido por un gran número de galeristas**. Los galeristas (predominantemente masculinos) al mirar mi *curriculum vitae*, declararon que yo había pasado varios años "sin hacer nada", y que en realidad había dejado un "agujero" en mi trayectoria artística.

Eventualmente comencé a exponer en Zaragoza, primero en concursos de arte, luego en instituciones y después en galerías privadas. Actualmente, el mercado del arte me categorizaría como "artista femenina británica en mitad de carrera".

No soy una artista emergente pero mi práctica artística en los últimos años ha evolucionado, cada vez es más PROFUNDA y CONTEMPLATIVA. Esta me ha ayudado a enfrentar y superar la enfermedad y la pérdida de mis seres queridos.

Todo esto es gracias al hecho de que **uso el proceso creativo cómo una herramienta de autoconocimiento, y también cómo un método de interrogación para ayudarme a entender el mundo**. Mis obras son intensamente personales, pero a la vez, hablan de temas universales como nuestra FRAGILIDAD y la FUGACIDAD de la vida.

Por esta razón **no puedo imaginar una vida sin crear arte**.»

¡GRACIAS LOUISA!

 @louisa_holecz

PALOMA PALENCIA

«Siempre fui de carácter inquieto y curioso y seguramente por eso, cuando terminé mis estudios como periodista en Madrid, dejé mi trabajo a media jornada en el Museo Thyssen Bornemisza, y no dudé ni un segundo en marcharme con mi pareja a vivir a Alemania primero, y más tarde a Francia; donde además de aprender los dos idiomas, **me faltó tiempo para seguir aprendiendo** y pronto encontré trabajo como periodista en varios medios de comunicación como radio, prensa, y más tarde organizando eventos profesionales.

A mi vuelta a Madrid, tras mi paso por algunas agencias de comunicación, terminé de establecerme en una empresa multinacional del sector de eventos y formación, para empresas y profesionales. Sorprendentemente me quedé durante 14 años, feliz de desempeñar mi actividad como responsable de marketing y comunicación. Pero lo que al principio era todo un reto, se convirtió en una actividad rutinaria en la que sentía que mi aprendizaje había tocado techo y **algo en mí hizo clic y me hizo despertar.**

Creo que emprender siempre fue mi pasión y por eso en mi cabeza, como creativa, **siempre he tenido cientos de ideas que compartía con mi entorno**. Soñaba con montar negocios, en relación a mis muchas pasiones; una de ellas fue la pastelería francesa. Tanto fue así que decidí formarme en las escuelas más reconocidas de París y Lyon y aprendí a hacer los famosos macarons, teniendo un blog de más de 10.000 visitas con la idea de montar una academia de pastelería en un futuro próximo, pero los contras eran cada vez más que los pros así que el proyecto quedó en una bonita aventura.

Decidí mirar hacia dentro y vi que mis habilidades y mis conocimientos en estrategias de marketing eran sin duda mi valor así que **decidí apostar por mis talentos**.

Hace unos años decidí cambiar mi estilo de vida y lanzarme a desarrollar mi propia carrera profesional de manera independiente. Tras formarme con grandes *business coachers* anglosajones, me especializo en **ayudar a mujeres a vivir de sus talentos a través de negocios online**, basándome en las estrategias de marketing más punteras y con especial énfasis en el desarrollo de una **mentalidad emprendedora, como la que yo cultivé para mí misma**.

A día de hoy he ayudado a muchísimas mujeres, quienes tras un programa intensivo de varios meses son capaces de **materializar sus HABILIDADES y sus PASIONES**, a través de ofrecer sus servicios o productos en negocios online rentables y escalables, habiéndose posicionado como negocios Premium».

¡GRACIAS PALOMA!

@paloma_palencia

MAR SOLÍS

((*) Extraído, en su totalidad y, con el permiso de Mar, de una entrevista que le hizo lasantacritica.com el 11 de diciembre de 2018.)

«*Cuando reflexiono sobre mis comienzos en el mundo del arte me voy muy atrás, a mi niñez y* **pienso en la inmensa suerte de estar dedicándome a lo que he amado toda mi vida**. *Empezamos a caminar casi sin darnos cuenta hacia aquello que nos hace feliz.*

El paso del tiempo ha hecho que mi profesión sea mi forma de estar en el mundo, puedo decir que dibujar, esculpir, idear, crear, es lo que amo desde que nací.

El dibujo me ha acompañado siempre y ha sido mi primer medio de expresión, mi primer testimonio artístico. **Dibujo y EMOCIÓN habilitan la entrada de mi mundo creativo a cualquier proyecto**.

El artista trabaja siempre desde su intuición, pero debe modelarse con la técnica. Es muy importante cultivar y ensayar nuestras cualidades para completar la experiencia artística hacia el mejor fin. El trazo y el gesto que corresponden también a una forma de sentir, a nuestra forma particular de trasladar las emociones, son siempre transformados a base de PRÁCTICA, TÉCNICA y DEDICACIÓN.

El estudio del trazo me ha proporcionado una **visión propia del espacio y un interés en la búsqueda de su**

movimiento y vibración.

*En un principio comenzaba dibujando, porque el dibujo siempre ha sido el germen de mi creación. Luego mi trazo se desplazó hacia la ocupación del vacío, se hizo aéreo, más inmediato y sistemático, donde **las líneas se iban forjando solas en el espacio**.*

La decisión de los materiales tiene que ver con la investigación del tema en el que esté trabajando, o a la experiencia que quiera cultivar en ese momento.

El material surge de la investigación sobre lo que esté trabajando en ese momento, un material que aparece en mi vida y de repente me apetece trabajar con él, o de repente el tema que me ronda en la cabeza o la emoción que me esté causando en ese momento algo hace trabaje hacia un material o hacia otro y evidentemente el material cambia el significado de la obra porque siempre lo potencia.

*La escala de mis trabajos va desde lo humano a lo monumental y su carácter es de acogedora transitabilidad. **Mi escultura se siente y se vive desde dentro***

*Soy una ARTISTA claramente abstracta, pero los componentes de mi escultura son orgánicos**, imitan los ritmos de la vida**. Mi escultura habla de la TRANSFORMACIÓN de los bosques, del ser humano, de la naturaleza, de todo lo que crece. Para el artista, la creación de símbolos se traduce en la **generación de un lenguaje propio y personal**. Lo hacemos desde nuestra propia interpretación, **yendo a lo más profundo del lenguaje humano**, pues buscamos en ese símbolo esa pregunta inspiradora con vocación de eternidad.*

***La obra de un artista está en constante transformación y se forja desde un trabajo constante y serio a lo largo de toda una vida**. Pero el valor de la obra de* arte es un valor fluctuante que cambia con la intensidad con la que trabaje tanto el artista como los que lo representan".

En cuanto a si cree que la mujer encuentra más dificultades, por el simple hecho de serlo, Mar Solís, dice: *"Lo que veo sinceramente a mi alrededor es un inmenso plantel de mujeres artistas que trabajan extraordinariamente y que tienen unas obras y cualidades alucinantes. En el sector artístico hay muchos más artistas masculinos exponiendo que mujeres, eso es una realidad, no hay que cerrar los ojos ante ella. Sí, **necesitamos más visibilidad**, simplemente porque hay muchas artistas muy buenas en España que nos dedicamos a ello en plenitud. Mi forma de luchar por ello es en el taller, produciendo obra, pero sí les pediría a los museos que atendieran más a las artistas femeninas y sí les pediría a las galerías que buscaran ese ratio y observaran el tanto por ciento y procuraran si no tienen artistas femeninas en su plantel preguntarse por qué".*

*"**Mi vinculación con el arte es desde la abstracción y desde la EMOCIÓN**. El arte se contamina de todo porque se alimenta de todo. **EL ARTE ES VIDA.**»* (*)

¡GRACIAS MAR!

 @marsolisescultura

CRISTINA MOROÑO

«**C**reo que los artistas no elegimos serlo, simplemente "se es", se nace así**. Otra cosa, es que la vida te lo ponga más o menos fácil para poder dedicarte a ello o no.

No me creo lo de la vocación tardía, yo creo que los artistas nacemos o siempre hemos tenido esa vocación, y decides dedicarte a ello cuando puedes, pues **es una profesión que requiere bastantes sacrificios.**

A veces pienso que es un don el haber nacido con esta capacidad creativa y a veces creo que es una losa, pues lo eres hasta que te mueres, con todo lo bueno y malo que tiene. No es que se decida ahora sí y mañana lo dejo, es que el artista nunca piensa en jubilarse, por ejemplo. Yo sé que estaré dedicada a ello siempre, como siempre lo he estado.

Desde muy pequeña dibujaba y siempre quise pintar. Soñaba con tener mi propio estudio y exponer en el mundo entero. Claro, los sueños siempre son muy bonitos, pero **el camino no siempre ha sido fácil** por razones diferentes.

La primera fue querer estudiar Bellas Artes. Mi familia no estaba muy convencida, mi padre quería que fuese abogada así que hasta el año antes de entrar en la Universidad (COU), todavía tenía dudas de si hacer Derecho o Bellas Artes, **al final, decidí lo que en el fondo quería, y mi familia me apoyó**. Tuve suerte.

Luego está la parte económica. Cuando acabé la carrera, me puse a trabajar gestionando el Patrimonio Artístico de una importante entidad turística y cultural en España, Paradores, al tiempo que mantenía mi estudio.

Necesitaba el primer trabajo porque no podía vivir con lo que vendía solamente, pero entonces era muy joven y **tenía mucha ilusión y energía. Empecé muy fuerte**.

Fueron unos años decisivos pues tuve muchos reconocimientos, premios y ventas. **Decidí entonces dar un salto, dejar todo e irme a Nueva York yo sola, a seguir formándome,** principalmente (es una profesión en la que nunca dejas de formarte) y **abrirme camino allí también**.

En Nueva York descubrí la parte no tan bonita de dedicarte al arte como artista. Fueron 12 años de aprendizaje continuo y ahí me plantee varias veces dejarlo. Ser artista es una forma de vida, es un día a día, es un trabajo muy solitario y de mucha auto exigencia, aún más en una ciudad donde hay tanto arte y donde todo pasa.

Veía tanta calidad en exposiciones y artistas, que yo misma me auto imponía un cierto nivel. Al final, **con mucho trabajo fui consiguiendo exposiciones, ventas, coleccionistas privados, mantuve las mismas galerías que me representaban en España, y fue cuando establecí una relación con ellas de CONFIANZA, que es muy importante.**

Ahora en Hong Kong, tal vez este más aislada, pero me aporta SERENIDAD y CONCENTRACIÓN."

En cuanto al hecho de ser mujer: "No considero que haya sido más complicado por esa razón en mi caso. Hoy en día se mira la calidad de tu obra y al menos, a mi nivel, un galerista si te vende bien, le da igual que seas hombre o mujer. – Por otro lado, estoy de acuerdo que la familia quita tiempo, pero **aprendes a gestionar tu**

tiempo con los horarios del colegio etc…".

"Creo que nadie me ha boicoteado para desistir. **He sido yo sola la que he pensado en tirar la toalla varias veces**, como ya comenté antes, tiene dificultades y muchas exigencias. Tanto Nueva York como Hong Kong son ciudades muy caras y mantener un estudio me hace replantearlo a veces… **pero sigo porque ÉSTA ES MI VIDA**.

El arte, sin duda, tiene un alto componente social y nos educamos a través de él. Refleja lo que pasa en nuestra sociedad. Y como espectadora, yo aprendo y disfruto.

Como artista, como ya he dicho antes, **es una forma de vida. Y mi forma de expresarme. Todo gira en torno al arte.** No se deja de crear porque ya no estés en el estudio, a lo mejor estoy leyendo en casa y una frase me da una idea para mi próximo proyecto. O un cambio de país, o un evento impactante en mi vida y de ahí salen ideas para otro cuadro, otra serie…

Nunca he querido convencer de nada a nadie con mis cuadros, tan solo contar mis experiencias y por qué me ha llevado algo a crear de ésta u otra forma; que se me entienda tal vez, pero tampoco es completamente necesario, si se entiende como si no (mi arte).

Con él aprendemos, pero no todo el mundo aprende de la misma forma, ni el arte es para todo el mundo.

Cuando estoy creando, **entro como en un proceso meditativo donde conecto conmigo misma**. Generalmente me divierto y no pienso en nada más que en la pintura.

Cuando no me gusta un cuadro, los resultados no son lo que esperaba entonces es otro cantar…».

¡GRACIAS CRISTINA!

 @cristina_morono

MARIANA SANZ

«**D**esde que tengo uso de razón me ha gustado el arte y el diseño**. Aquí entra en juego la
pregunta si se nace siendo un artista o uno
se va haciendo con el tiempo.

He tenido la gran suerte de vivir en varios países, por el trabajo de mi esposo, y fue y es, súper motivador para crear mis obras. **Es un gran disparador de emociones**.

Cada lugar vivido, su gente, sus olores, su cultura me cargan de energía para ilustrar o pintar.

Soy súper CURIOSA, camino mucho, recorro la ciudad, descubro lugares siempre con un mismo objetivo: Buscar INSPIRACIÓN y sentir una gran satisfacción cuando voy a un museo, galería de arte, o simplemente encuentro un objeto de decoración que llama mi atención. Me siento plena.

Mi cabeza comienza a pensar, surgen ideas, quiero plasmarlo en todo tipo de soporte, ya sea lienzo, digital, platos, papel de pared, telas, y así hasta el infinito.

Todo fluye, las ideas van y vienen.

El uso de diferentes materiales me ayuda a conectar con la obra. Los colores son mi pasión, y las texturas. Lo diferente, lo raro, lo que sale de lo común me llama.

**Trato de transmitir a los demás mi ENERGÍA y mi EN-
TUSIASMO que siento al crear**. Es simplemente eso. Son momentos.

El arte me hace sentir completa. No podría vivir sin él. Vivo rodeada de obras de arte. Me gusta investigar nuevos artistas, tratar de comprar su obra. Conectar con él. Llegar a mi casa y ver su obra, observarla, descubrir cosas nuevas en ella. **Me moviliza internamente.**

Mi profesión, Lic. en Diseño Gráfico, me ha ayudado en todo el proceso creativo para comenzar una obra. No es tarea fácil sumergirse dentro del mundo del arte siendo independiente y comenzar a comercializarlas.

Es una tarea dura donde uno se encuentra muy solo. Las redes sociales han sido de gran ayuda ya que es un gran escaparate al mundo. **Es una tarea diaria y de mucho esfuerzo, pero me apasiona y nunca la he dejado**.

Cuando siento que mi motivación baja, salgo en busca de alguna exposición, que es mi mejor medicina, y me levanta. Algo nuevo, novedoso que miro y me deja pensando.

El arte es subjetivo, gusta o no gusta. Es así de simple.

Me asombro por todo y exprimo cada día. **Invierto en vivir. Voluntad para seguir, para no bajar los brazos y luchar por mis sueños.**

El arte es lo mío.»

¡GRACIAS MARIANA!

@popntopmad

VICTORIA FERNÁNDEZ LÓPEZ-REY

"Hablar de mí como artista, me da un poco de pudor, porque para mí artistas son los que han hecho obras grandiosas, que a veces me sobrecogen y siempre me emocionan.

Pero si consideramos que **un artista transmite lo que siente al crear a través de su inspiración**, entonces ya me cuesta menos, porque es lo que hago y además me apasiona.

La verdad es que yo nunca he sido consciente de ser artista, ni fue un sueño, ni fue algo que me propuse conseguir. Fue algo que llegó en la última etapa de mi actividad como interiorista y motivado por una crisis económica que hizo que esa etapa de mi carrera profesional terminara.

Indudablemente, esa profesión tenía algo que ver con el tema artístico y eso, sí venía desde muy pequeña y fue lo que me hizo descubrir esa CREATIVIDAD, que efectivamente, sí estaba en mí, pero como digo, no sabía que existía.

Indagué en mi infancia y desde la distancia de la edad, pude ver como el arte me había ayudado en situaciones familiares complicadas y en algún momento de enfermedad, metiéndome **en una burbuja de colores y luz en la que dibujaba y me olvidaba del mundo.**

Hoy en día el ARTE, es lo que más me conecta conmigo misma. **Me hace vibrar en toda mi esencia.**

Positivé entonces, el haber tenido que dejar mi profesión y decidí apostar por el arte. Por mí, también apostaron mi familia y mis amigos.

No es fácil vivir del arte. Hay muchos obstáculos de todo tipo, sobre todo económicos y también personales.

El trabajo del artista es muy solitario y a veces, esa soledad se hace dura, hay dudas y **el apoyo emocional es muy importante**, porque los objetivos artísticos se pueden conseguir, pero no los económicos y eso crea mucha frustración.

Pero en esos momentos, **siempre me agarro al color**, como cuando era pequeña y a otros artistas amigos, hombres y mujeres que luchan en ese mundo del color y la forma, en el que no hay, por lo menos para mí, desigualdad de sexos, ni de edades ni de condición.

Si algo tiene el arte, es que une y nos hace iguales en cuanto a la pasión y la emoción.

Por eso, para mí el arte es la expresión de lo más íntimo de cada artista, que casi inconscientemente lo utiliza como terapia y que solo por haber sido pensado y sentido, permanece siempre como la ENERGÍA que fue en el momento de crear sus obras y te traspasa y emociona cuando las observas.

En mi caso, **creo que este es el fin del arte, emocionar y hacer sentir bien al observador**".

GRACIAS VICTORIA

@regalosconmuchoarte

VIRGINIA HERNÁNDEZ.
LUNA ROSA

M«i primer dibujo lo hice a los 4 años** en la pared del garaje de mi casa, esperando con ansias a mis padres.

Realicé una bailarina de ballet como la recordé de un libro, y le puse al lado mi nombre, mi firma que hoy recuerdo como "garabatico". Pero a mí me pareció maravilloso porque había aprendido a escribir mi nombre.

¡Ya sabía desde entonces que sería artista!

Sentí una eternidad, ansiando que ellos alumbraran mi creación con los faros de su maravilloso Chrysler de colección. Al llegar el momento soñado, la puerta del garaje se abrió, me paré entusiasmada anhelando escuchar "Felicitaciones "¡flaqui!", como me llamaban mis padres.

Y sucedió todo lo contrario: se bajaron enojados al ensuciar la pared y recibí una palmada en mis nalguitas. ¡Lloré tanto por aquel primer rasguño de mi alma de artista! Pero PERSEVERÉ....ya era testaruda. A los 7 realizaba retratos de mis compañeros, **admiraba la luz en sus caras.**

Al terminar mi colegio, a los 18, le dije a mi madre: ¡Seré artista! Y llegó el segundo prejuicio de esta bella profesión: *"No serás una hippie en la familia!"* Así que pospones tu sueño....

Al transcurrir la vida, a los 27 abro mi primera Galería de Arte en mi ciudad natal, Cali, Colombia. **Por fin pude realizar una etapa de mi pasión, y lo mejor de todo fue que mi madre me apoyó,** y ella empezó a vender mis obras.

La sociedad le pone precio a tu trabajo porque no consideran el arte como profesión. Como pospuse mi arte, desde entonces **me propuse lograr vivir de él como salvación. Descubro la Arterapia.**

¡A mis 35, artista en Europa! ¡Mi arte me salvó! Qué difícil empezar de cero en Francia pero, sobre todo, en otro continente.

¿La diferencia? **El arte como cultura, terapia y medio para sanarse**; hacer tomar CONCIENCIA a cada grupo social.

¿Impedimento? Los **prejuicios** hacia América Latina, Colombia etiquetada como subdesarrollada, me prohibían exponer por la situación candente en mi país, como si fuera participe de ello.

Pero no paré. ¡Continué! Con mis obras en una bolsa vendiendo, pintando sin parar.

Se me abren las puertas en el Principado de Mónaco después de hacer varios trabajos como secretaria, niñera, encargada de eventos en un hotel, asistente de dirección, traductora...

Hasta que, a mis 45, creo mi segunda Galería en Bélgica: *La Spirale*.

¿Porqué? Por la **evolución en consciencia colectiva**. Intercambios culturales. Hoy ya más de 350 artistas expuestos de diferentes horizontes.

¿Mi lema? ¡Dos!:

1. **¡El arte vence fronteras y barreras**! De mi entidad artística, el arte como herramienta contra la violencia: **Colombiartística** creada en Francia 2009.

2. **El Arte es mi terapia y mi cafeína**, como Luna Rosa, mi nombre de artista porque nunca dejé de creer en mi corazón multicolor que CLAMABA TRAZOS DE MATICES Y SOL».

¡GRACIAS, VIRGINIA!

@artista_luna_rosa.be

EPÍLOGO

Llegamos al final de este segundo viaje, mi ENHO-RABUENA por haber llegado hasta aquí, por haberme acompañado en este transitar, por querer disfrutar de una VIDA, plena y feliz.

Has encontrado tu ESENCIA, has obtenido CLARIDAD. Sabes cuál es tu propósito de vida y has superado obstáculos para poder hacerlo realidad y compartirlo con la humanidad.

¿Cuál es el siguiente paso, te preguntarás?

Mantenerlo y hacerlo desde el fluir con el universo, en ARMONÍA y PAZ contigo mismo y los que te rodean.

La mejor y más fácil manera de hacerlo **es tratar a tu NIÑO INTERIOR con cariño y atención, tenerlo alegre, sano y feliz, reconciliarte con él y abrazarlo como parte de ti que es.**

Trabaja con él al unísono, es quien activa la CREATIVIDAD, quien te llena de VITALIDAD y te permite extender las alas; quien te permite volar y transmitir como canal todo lo que te ha sido dado.

Para ello es necesario sanar viejas heridas. Te hablaré de mi experiencia con hábitos poco saludables, de cómo mi niño interior herido me llevó hasta ahí, y de cómo lo superé. Esta es mi motivación, apoyarte desde mi experiencia y la de **grandes ARTISTAS de la historia.**

Te daré claves y herramientas que te ayudarán a entender todo el proceso y te acompañarán en el camino de la sanación.

Limpia tus canales de toda tristeza, rencor y rabia; desprograma tus miedos, y **haz las paces con tu pasado, déjalo ir con AMOR**. Llenarlo de cosas buenas es fundamental para que todo esto se produzca.

Te invito a recorrer un nuevo viaje a través del tercer libro, *Tu obra dorada*, que he escrito con gran Amor para ti.

Te inspirará, y podrás inspirar a los demás.

GRACIAS, GRACIAS, GRACIAS

JUNTOS PODEMOS INSPIRAR A MÁS PERSONAS

Querido lector:

¿Puedo pedirte un favor?

¿Me puedes contar cómo te ha ido? ¿Cuál ha sido tu aprendizaje? ¿Te ha inspirado? ¿Te ha animado a reflexionar? ¿Qué ha sido lo que más te ha impactado?

Me encantará saber de ti.

Te invito a hacer algún comentario en las redes sociales, o mandarme un correo electrónico con un vídeo o una foto. **Con ello me ayudarás a llegar a más personas y contribuir con su bienestar y felicidad a través de mi gran pasión, el ARTE**

Puedes usar el hashtag #estaentillamala si así lo deseas. Podremos entablar un diálogo más activo que ayudará a conocernos mejor.

Tu apoyo es importante. **Muchas gracias por tu compromiso y generosidad.**

Este es sólo el principio del viaje. Tengo reservadas para ti aventuras apasionantes relatadas con infinito amor, en los siguientes libros. ¡Coge tus pinceles, cálzate las zapatillas y sígueme!

Tu lienzo en blanco y Tu obra dorada, te están esperando.

¡Nos vemos al otro lado!

MILLONES DE GRACIAS POR ESTAR AHÍ.

TU LEGADO

"El universo opera a través de un intercambio dinámico… DAR y RECIBIR son aspectos diferentes del flujo de ENERGÍA en el universo. Y en nuestra voluntad de dar aquello que buscamos, mantenemos la abundancia del UNIVERSO circulando en nuestra VIDA".

Deepak Chopra

Con la compra de este libro estarás donando el 10% de los beneficios a la **Fundación Elígete**, de apoyo a las personas que, en algún momento o de forma continuada, sufrieron y sufren, violencia de género.

Juntos podemos ayudar a más personas, juntos podemos contribuir a dejar un mundo mejor.

GRACIAS GRACIAS GRACIAS

¿Quieres seguir en contacto conmigo?

@mjoserossello

MJosé Rosselló

mjrossellol@gmail.com

TU LIENZO EN BLANCO

ESTÁ EN TI, LLÁMALA

TU OBRA DORADA

BIBLIOGRAFÍA

-BANDRÉS OTO, Maribel. *La moda en la pintura: Velázquez. Usos y costumbres del siglo XVII*. Eunsa, 2002

-BECK, James con DALEY, Michael. *La restauración de obras de arte. Negocio, cultura, controversia y escándalo*. Ediciones de Serbal, 1997

-BRADSHAW, John. *Volver a casa. Recuperación y reivindicación del niño interior*. Gaia Ediciones, 2015

-BRETON, Andre. **¿Qué es el surrealismo?** Casimiro libros, 2013

-BRIHUEGA SIERRA, Jaime y RAMÍREZ DOMÍNGUEZ, Juan Antonio. *Historia del arte 4: El Mundo Contemporáneo*. Alianza Editorial, 2018

-BUCAY, Jorge. *Déjame que te cuente...Los cuentos que me enseñaron a vivir*. RBA bolsillo, 2005

-CAMERON, Julia. *El camino del artista*. Aguilar, 2016

-CARROLL, Lewis. *Alicia en el País de las Maravillas*. Gribaudo, 2017

-COELHO, Paulo. *El Alquimista*. Planeta, 1988

-DORIA, José María. *Inteligencia del Alma. 144 Avenidas neuronales hacia el yo profundo*. Gaiga Ediciones, 2004

-de DIEGO, Estrella. *La mujer y la pintura del XIX español*. Ensayos Arte Cátedra, 2009

-ELROD, Hal. *Mañanas milagrosas. Los 6 hábitos que cambiarán tu vida antes de las 8:00*. Zenith, 2016

-FISHER, Robert. *El caballero de la armadura oxidada*. Ediciones Obelisco, 2010

-GARCÍA CALVO, Laín. *La Voz de tu Alma*. Laín, 2016

-GOLEMAN, Daniel. *Inteligencia emocional*. Kairós, 1995

-GOLEMAN, Daniel, KAUFMAN, Paul y RAY, Michael. *El espíritu creativo*. Zeta, 2010

-GOMPERTZ, Will. **¿Qué estás mirando?.150 años de arte moderno.** Taurus, 2016

-GOMPERTZ, Will. *Piensa como un artista*. Taurus, 2017

-GUASCH, Ana María. *XX: Del posminimalismo a lo multicultural*. Alianza, 2000

-HAGHENBECK, F. G. *El libro secreto de Frida Kahlo*. Atria, 2009

-HELLER, Eva. *Psicología del color: Cómo actúan los colores sobre los sentimientos y la razón*. Gustavo Gili, 2010.

-ISAACSON, WALTER. *Leonardo da Vinci. La biografía*. Debate, 2018

-KANDINSKY, Vasili. *De lo espiritual en el arte*. Paidós, 2018

-KLEON, Austin. *Roba como un artista. El diario*. Gustavo Gili, 2017

-L. HAY, Louise. *El poder está dentro de ti*. Ediciones Urano, 1991

-MAYAYO, Patricia. *Historias de mujeres, historias de arte*. Ensayos de Arte Cátedra, 2018

-MARTÍNEZ VIDAL, Susana. *Efecto Frida*. Espasa, 2018

-MÉNDEZ, Conny. *Metafísica 4 en 1*. Ediciones Giluz, 2017

-MITCHEL, W.J.T. *Teoría de la imagen*. Editorial Acal, 2013

-MONTERO, Rosa. *Historias de Mujeres*. DeBolsillo, 2018

-NORWOOD, Robin. *Mujeres que amaban demasiado*. Editorial Vergara. 2014

-de la ROCHA, Marta. *Historia Ilustrada de la Teoría Feminista*. Editorial Melusina, S.L., 2018

-ROTAECHE GONZÁLEZ DE UBIETA, Mikel. *Conservación y restauración de materiales contemporáneos y nuevas tecnologías*. Editorial Síntesis, 2017

-ROVIRA CELMA, Álex y TRÍAS de BES, Fernando. *La buena suerte. Claves de la Prosperidad*. Empresa Activa, 2004

-RUIZ, Don Miguel Jr. *Los cinco niveles del apego*. Urano, 2013

-RUIZ, Miguel. *Los Cuatro Acuerdos*. Urano, 1998

-SAINT-EXUPÉRY de, Antoine. *El Principito*. Salamandra, 2018

-SANDOVAL, Eva. **¿Y tú qué crees? Conviértete en el creador de tu propia vida.** Urano, 2015

-SEGOVIA, Santiago. *Mindfulness: Un camino de desarrollo personal*. Desclée de Brouwer, 2017

-SENTÍS, Mireia. *Al límite del juego*. Árdora Ediciones, 1994

-SHINODA BOLEN, Jean. *Las diosas en cada mujer. Una nueva psicología femenina*. Editorial Kairós, 2015

-NAIFEH, Steven. *Van Gogh. La vida*. Atrio, 2014

-THORNTON, Sarah. *Siete días en el mundo del arte*. Edhasa, 2009

Notas

(*) Shinoda Bolen, Jean. *Las diosas en cada mujer,* 2015, cap. 5, Atenea, pág. 110.

(*) Shinoda Bolen, Jean. *Las diosas en cada mujer,* 2015, cap. 6, Hestia, pág. 150

(*) Shinoda Bolen, Jean. *Las diosas en cada mujer,* 2015, cap. 8, pág. 189

(*) Shinoda Bolen, Jean. *Las diosas en cada mujer,* 2015, cap. 9, pág. 225

(*) Shinoda Bolen, Jean. *Las diosas en cada mujer,* 2015, cap. 10 pág. 262

(*) Shinoda Bolen, Jean. *Las diosas en cada mujer,* 2015, cap. 10, pág. 288

(*) Shinoda Bolen, Jean. *Las diosas en cada mujer,* 2015, cap. 12, pág. 315

(*) Shinoda Bolen, Jean. *Las diosas en cada mujer,* 2015, cap 1, pág. 41